12.

645 · 2AE · 6 ①

020 rouge

Syndicat libre en URSS

Syndicat libre en URSS

Dossier réuni par le Comité international contre la répression

Éditions du Seuil

EN COUVERTURE : Vladimir Klebanov
à la conférence du 26 janvier 1978, Moscou.
Photo AP.

ISBN 2-02-004952-X.

© ÉDITIONS DU SEUIL, 1978.

Avant-propos

8 janvier 1968 : s'ouvre à Moscou le procès d'Alexandre Guinzbourg et de Iouri Galanskov. Quelques jours plus tôt, trente et un écrivains, artistes et savants soviétiques avaient adressé une pétition aux autorités protestant contre les anomalies de l'instruction, réclamant la publicité des débats et un compte rendu dans la presse. Le 9, douze citoyens soviétiques dont N. Gorbanevskaia, P. Iakir et P. Grigorenko diffusent une protestation. Le 12, Guinzbourg est condamné à cinq ans de camp et Galanskov à sept. Il devait y mourir. Pavel Litvinov et Larissa Daniel lancent un appel à l'opinion publique mondiale. Les protestations se multiplient, les pétitions recueillent en quelques semaines près de 2 000 signatures, fait inouï en URSS depuis le début des années trente. En février sort, dactylographié, le numéro d'un bulletin destiné à jouer un grand rôle : la *Chronique des événements,* entièrement consacré à l'affaire Guinzbourg-Galanskov [1]... Ainsi prend naissance publiquement en URSS une opposition qui allait « s'organiser » dans le Comité d'initiative pour la défense des droits de l'homme (1969) [2], puis dans le Comité de défense des droits de l'homme (1970) dirigé par Sakharov. Cette opposition, comme son nom l'indique, réclame le

---

1. Cf. *Les Nouveaux Procès de Moscou : l'affaire Guinzbourg-Galanskov,* Paris, Ed. du Seuil, coll. « Combats ».
2. Avec P. Grigorenko, Iakir, etc.

respect des droits de l'homme et des garanties constitution-
nelles, le respect de la légalité et la publicité des procès.

Dix ans plus tard, presque jour pour jour, apparaît
publiquement en URSS une opposition nouvelle dans son
contenu et dans sa forme, indépendante de cette première
opposition dont l'existence et l'activité lui ont cependant
ouvert la voie : la création d'un syndicat libre en Union
soviétique annoncée en janvier 1978 par six ouvriers à
Moscou...

En luttant pour les droits de l'homme, pour l'exercice
par tous de toutes les libertés fondamentales, les protesta-
taires exigeaient par là même le droit pour les travailleurs
soviétiques de prendre la parole. Par leur combat acharné
ils ont ouvert la voie à cette « prise de parole » dont le
monopole politique de la couche dirigeante vise, à l'évi-
dence, à prévenir toute forme, toute possibilité. Mais pour
des travailleurs des entreprises, des bureaux, des écoles,
des mines prendre la parole c'est tenter d'agir, c'est donc
chercher à *s'organiser* pour défendre leurs droits, leurs
revendications, leurs aspirations. 1968 préparait 1978...

Le 26 janvier 1978, en effet, un petit groupe de cinq
travailleurs soviétiques, dont le mineur du Donbass Vladimir Klebanov, tenait une conférence de presse à Moscou
pour annoncer la création prochaine d'un syndicat libre en
Union soviétique. « Nous sommes essentiellement des
chômeurs, déclara Vladimir Klebanov, et nos syndicats ne
nous défendent pas. Nous ne pouvons arriver à rien
individuellement. Nous devons agir collectivement. » Le
lendemain le KGB tentait d'arrêter Klebanov dans la rue.
Le 1er février, ce dernier tenait, avec deux de ses camarades,
une nouvelle conférence de presse au cours de laquelle il
distribuait notamment les statuts du nouveau syndicat
datés de ce même jour et une lettre ouverte à l'Organisation
internationale du travail, le texte qui ouvre ce volume,
p. 20.

C'était l'aboutissement d'une lutte sourde et tenace de trois années, d'une multitude de démarches patientes, qui avaient abouti à une première conférence de presse à la fin de novembre 1977 où les représentants d'un groupe de trente-huit travailleurs soviétiques avaient rendu publiques une série de plaintes individuelles ou collectives contre l'Etat et le gouvernement dits « soviétiques ». Les documents, ci-dessous publiés, éclairent suffisamment la gestation et l'histoire de cette première tentative de mettre sur pied une organisation syndicale ouvrière indépendante en URSS depuis Staline pour qu'il soit ınutile de les résumer ou de les répéter.

L'importance historique de cette décision n'échappa nullement aux autorités du Kremlin. Vladimir Klebanov, déjà envoyé quinze jours à l'hôpital psychiatrique n° 7 de Donetsk à la fin décembre, était arrêté à nouveau le 7 février à Moscou, le lendemain de l'arrestation de quatre de ses camarades (Mikhaïl Gouriev, Constantin Koutcherenko, Valentin Poplavski et Victor Loutchkov) et envoyé de nouveau à l'hôpital psychiatrique de Donetsk. Il n'en est ressorti qu'au début de mai pour être immédiatement transféré en prison.

Evgueni Nikolaiev, Valentina Pelekh, Nikitine, Kortchaguine, Chtcherbakov arrêtés, sont, comme Klebanov, placés en hôpital psychiatrique. Poplavski et Koutcherenko, qui subissent d'abord le même sort, sont relâchés le 27 février et déclarent : « Deux membres du syndicat sont en hôpital psychiatrique, quatre autres ont disparu. » Pourquoi l'hôpital psychiatrique et non la prison? En tout cas pas tout de suite comme on l'a vu avec Klebanov? Malgré la condamnation — à la sauvette — de Poplavski à un an de prison fin mai, les autorités sont embarrassées pour monter un procès contre les fondateurs du syndicat libre. D'après leur déclaration du 9 février, les membres du mouvement de défense des droits de l'homme mettent tous l'accent sur la « légalité » formellement indiscutable de la démarche de Klebanov et ses camarades :

> Moscou 10/2 (AFP) — Les dissidents moscovites qui animent le groupe de surveillance de l'application des accords d'Helsinki estiment que la création d'un syndicat « indépendant » envisagée par un certain nombre d'ouvriers soviétiques serait tout à fait « conforme à la loi ».
>
> Dans une déclaration communiquée par Mme Elena Bonner-Sakharova, le groupe, qui comprend aussi l'avocate Sophia Kallistratova, souligne que le code du travail reconnaît aux travailleurs le droit de se grouper en organisations syndicales.
>
> « Ce même code ne soumet pas la création d'une organisation syndicale à l' " enregistrement ", c'est-à-dire en fait à une autorisation officielle », précise le groupe.
>
> « Nous suivons avec intérêt l'annonce de la création d'un tel syndicat et nous attendons de ceux qui ont pris cette initiative qu'ils précisent leurs buts et les moyens qu'ils comptent employer pour les réaliser. Si un tel syndicat pouvait être créé, il s'agirait d'une manifestation de l'application des accords d'Helsinki », conclut la déclaration.
>
> Le groupe a demandé officiellement, le jeudi 13 avril, l'enregistrement d'un « syndicat indépendant des travailleurs soviétiques ». Dans une lettre adressée au Présidium du Soviet suprême, au Présidium du Conseil des ministres et aux instances dirigeantes des syndicats officiels, il déclare que cette organisation a pour but de « contribuer à l'application pleine et entière de toutes les lois, de tous les règlements soviétiques régissant les relations du travail, de permettre la défense des travailleuses et des travailleurs, et d'assurer aux citoyens la possibilité d'une aide juridique pour la solution des conflits du travail ».

Dénonçant aujourd'hui « la moisissure bureaucratique qui ronge le pays tout entier », Klebanov et ses camarades ont longtemps cherché à obtenir des réponses à leurs réclamations de la part des instances officielles (Etat, parti, syndicat). Evoquant « les gens désespérés qui assiègent les antichambres des hauts personnages », Sakharov notait dans *Mon pays et le monde :* « Nombre d'entre eux — les plus importuns — n'en sortent que pour être directement conduits en hôpital psychiatrique » (p. 15). C'est ce que nombre des futurs fondateurs du syndicat libre ont subi. Telle fut la réponse qu'ils obtinrent. Le droit de grève, le droit de pétition, le droit de s'adresser sous forme organisée aux instances de l'Etat n'existant pas, il ne reste que la plainte ou la protestation individuelle. Or les autorités dénoncent aussitôt celle-ci comme un signe de paranoïa. Pour parfaire ce dispositif qui vise à atomiser la classe ouvrière en individus isolés et impuissants, ces mêmes dirigeants, qui se subordonnent les syndicats [1], tentent de réduire le personnel médical au rôle d'adjoint de leur politique répressive. Ainsi le Présidium du Soviet suprême de l'URSS a adopté par décret du 26 mars 1971 un nouveau texte du « Serment du médecin de l'Union soviétique » dont le dernier paragraphe est libellé comme suit :

> Je jure solennellement [...] d'observer et de développer les nobles traditions de la médecine nationale, de fonder tous mes actes sur les principes de la morale communiste, d'avoir toujours présent à l'esprit le haut titre de médecin soviétique, et d'être toujours conscient *de mes responsabilités envers le peuple et l'Etat soviétiques* [souligné par nous].

Que les médecins l'acceptent aisément, c'est une autre histoire. Mais en tout cas c'est après s'être longtemps heurtés de front aux réactions de ce qu'ils appellent « la moisissure bureaucratique » que Klebanov et ses camarades en sont arrivés à la conclusion qu'à l'action individuelle il fallait substituer l'action collective et indépendante.

La volonté de recréer une organisation ouvrière indépendante qu'expriment les initiatives de Klebanov et de son groupe ne sont pas propres à l'Union soviétique. Le même

---

1. Le précédent président du Conseil central des syndicats, Chélépine, avait, avant de diriger les syndicats de l'URSS, occupé le poste de ministre de la Sécurité d'Etat, c'est-à-dire dirigé le KGB. Transfert significatif.

mouvement se dessine dans la plupart des pays d'Europe de l'Est.

En Roumanie en janvier-février 1977 près d'une centaine d'ouvriers signent l'appel de l'écrivain Paul Goma à soutenir la Charte 77. Le nombre des mineurs, parmi eux, annonce la grève qui souleva, en août 1977, 35 000 mineurs de la vallée du Jiu, le plus important bassin minier du pays. Les grévistes décidaient très vite de s'organiser; ils récusaient les délégués du syndicat officiel unique, élisaient leurs propres délégués, exigeaient que ces derniers rencontrent le chef de l'Etat pour négocier directement avec lui. Ceausescu accepta les 17 points présentés par les délégués. Le travail reprit. Les autorités frappèrent aussitôt. La violence et l'ampleur de la répression sont à l'échelle du mouvement : tous les délégués élus ont été arrêtés, 4 000 mineurs licenciés, la vallée du Jiu déclarée « département interdit »; bref, mise en quarantaine.

L'ouvrier roumain Vassil Paraschiv a résumé les revendications que présentent les ouvriers roumains en dessinant ainsi les grands traits de l'organisation syndicale qu'ils veulent :

A mon sens la loi des syndicats devrait prévoir les points suivants :
1. Les syndicats sont des organisations ouvrières libres et autonomes qui ne rendent compte de leur activité que devant les travailleurs qui les ont élus et qu'ils représentent.
2. Le rôle et les attributions des syndicats de notre pays consistent actuellement en premier lieu à défendre les droits et les intérêts économiques, sociaux et politiques des travailleurs.
3. L'Etat a ses représentants dans le cadre des rapports de production en la personne des chefs hiérarchiques et administratifs qui appliquent ses instructions, ses ordres et ses décisions.
De leur côté, les travailleurs doivent avoir leur représentant — le syndicat — qui discutera en leur nom avec les

dirigeants des entreprises, qui défendra leurs intérêts et exprimera leurs décisions et leur volonté.

4. La censure de la presse syndicale doit être supprimée, la liberté de pensée et d'expression doit être respectée, ainsi que le droit de critiquer tout organisme politique et administratif pour ses insuffisances et ses erreurs.

5. Les droits que prévoit l'article 28 de la Constitution doivent être respectés, y compris jusqu'au droit de grève.

6. Le droit de convocation, d'organisation et de mobilisation des travailleurs pour toutes les activités socio-politiques et économiques reviendra aux seuls organismes syndicaux élus par les travailleurs.

7. L'assemblée générale peut retirer son mandat au président du syndicat au cas où celui-ci n'a pas rempli sa mission.

8. Les réunions syndicales ne doivent aborder que des problèmes à caractère purement syndical.

Les membres du syndicat ont le droit de soulever n'importe quel problème et de consulter l'assemblée générale qui devra se prononcer par un vote à main levée.

9. Toute réunion syndicale doit se conclure obligatoirement, outre le procès-verbal, par des conclusions sur les questions discutées, conclusions représentant le point de vue de l'assemblée générale, sa volonté et ses décisions en la matière. Les décisions de l'assemblée générale sont obligatoires pour tous les membres de l'organisation.

10. Chaque membre du syndicat a le droit de poser sa candidature pour être élu au sein de l'organe de direction du syndicat.

L'assemblée générale désigne les représentants syndicaux par un vote secret.

11. La participation aux débats de personnes étrangères à l'organisation syndicale concernée doit être interdite.

En Pologne, lors de la grève de janvier 1971 à Szczecin, les travailleurs des chantiers navals élirent un comité de grève constitué de délégués d'atelier. Après la grève de juin 1976, le Comité de défense des ouvriers expliquait sa constitution en ces termes :

> Les victimes de la répression actuelle ne peuvent compter sur aucune aide ou défense de la part des organismes dont ce devrait être la tâche, par exemple des syndicats dont le rôle

est lamentable. [...] La population n'a d'autres moyens de défense contre l'arbitraire que la solidarité et l'aide mutuelle [1].

Cette tâche plus ou moins totalement réalisée, le mouvement vers l'organisation ouvrière indépendante s'est précisé. En septembre 1977, un groupe d'ouvriers et de membres du Comité de défense des ouvriers fondaient le bulletin *Robotnik* (l'Ouvrier) dont l'article de présentation définissait les buts en ces termes limpides :

> *Robotnik* est une revue qui ouvre ses colonnes aux ouvriers désirant publier des opinions indépendantes, échanger des expériences ou nouer des contacts avec les ouvriers des autres entreprises. Il se donne pour but de soutenir les initiatives visant :
> — la défense solidaire des intérêts ouvriers ;
> — l'élargissement de la participation des ouvriers à l'établissement des salaires, des conditions et du temps de travail, des conditions sociales et d'habitat ;
> — le soutien de toutes les formes de représentation ouvrière indépendante en vue de remplacer les syndicats devenus institution morte.
>
> *Le comité de rédaction :* Jan Litienski, Wojciech Onyszkiewicz, Jozef Sreniowski (membres du Comité d'autodéfense sociale « Kor », Wladyslaw Sulecki (mineur à Gliwice), Leopold Gierek (ouvrier à Radom), Edward Zadrozynski (ouvrier à Grudziadz).

Depuis, *Robotnik* a publié six numéros. Le numéro 5 annonçait la création d'une cellule de *Robotnik* à Radom, cellule qui, selon les termes du document distribué à la conférence de presse du 18 avril 1978, « a proposé un programme d'action en vue de créer diverses formes de représentation ouvrière indépendante ».

---

1. *Documents du Comité de défense des ouvriers de Pologne,* préface de K. Pomian, édité par le Comité international contre la répression, p. 45.

Quelques semaines après la parution de *Robotnik,* Kazimierz Switon (technicien), Wladyslaw Sulecki (mineur), Tadeusz Kicki (soudeur) et Roman Kosciuszek (technicien) ont fondé à Katowice un Comité d'organisation des syndicats libres. Les syndicats existants étant incapables de défendre les intérêts vitaux des travailleurs et ne le voulant pas, les ouvriers doivent, affirment ces quatre fondateurs du Comité, s'associer dans des syndicats libres contre le Parti et l'administration de l'État qui les exploitent.

En RDA, on le sait, lors des manifestations du 1er mai, des centaines de travailleurs ont pris d'assaut les magasins réservés aux membres de l'élite sociale, aux privilégiés. Cette manifestation doit, sans aucun doute, être reliée au même mouvement profond de protestation qu'en URSS et en Pologne. Ne peut-on dire, en effet, que la protestation contre l'inégalité sociale et l'exigence de délégués, de syndicats, d'organisations indépendantes sont deux aspects du même mouvement dans la mesure où ce sont les organisateurs et les bénéficiaires de l'inégalité sociale qui contrôlent totalement et subordonnent entièrement à leur profit l'ensemble des organisations sociales existantes? Un opposant récemment chassé de RDA déclarait dans une interview publiée quatre jours avant ces événements par l'hebdomadaire *Informations ouvrières :*

Q. : Une discussion se mène aujourd'hui en Pologne, en URSS ou encore en Roumanie sur la nécessité de syndicats indépendants de la bureaucratie. En est-il de même en RDA?

R. : Je sais que, dans divers endroits, les travailleurs cherchent à élire leurs propres délégués dans l'appareil syndical, pour essayer de l'utiliser à leur compte.
Des initiatives pour des syndicats indépendants en RDA ne sont pas encore connues. Néanmoins, la création d'organisations ouvrières indépendantes en RDA est tout autant à l'ordre du jour qu'en Pologne ou en URSS.

Dans ce processus, le fait qu'existent déjà sur le territoire allemand de puissants syndicats a une signification particulière. Jusqu'à aujourd'hui, leur combat en Allemagne de l'Ouest a toujours eu des conséquences directes pour les travailleurs en Allemagne de l'Est. Il importe aujourd'hui que ces syndicats saisissent la responsabilité qui est la leur de prendre aussi position pour l'organisation indépendante des camarades est-allemands.

La déclaration des vingt-trois signataires de la Charte 77 intitulée *Cent Ans de socialisme tchèque* à l'occasion du centenaire de la fondation du parti social-démocrate tchèque à Brevnov va dans un sens identique. Leur démarche est sans aucun doute plus directement politique. Mais qui pourrait douter un instant que dans les pays qui se réclament du socialisme, et où les syndicats sont entièrement intégrés à l'Etat, l'exigence ou la constitution d'un syndicat libre ou indépendant ne soit un problème politique? Il est en tout cas considéré et « traité » comme tel par les gouvernements en place et leur police. Les vingt-trois signataires tchèques de la lettre de Prague et de Brno, comparant le programme du parti social-démocrate de 1878 et la réalité actuelle de la Tchécoslovaquie, affirment :

> Il est vrai que la majeure partie des moyens de production a été nationalisée (à partir du décret présidentiel sur les nationalisations du 28 octobre 1945), mais il est douteux que les fruits du travail soient toujours utilisés pour le bien commun et que les systèmes actuels de rémunération soient justes.
> Une autre revendication du programme de 1878 était « la liberté totale de la presse, d'association, de réunion et de coalition ». Les ouvriers ont largement conquis ces libertés. Mais qu'en reste-t-il aujourd'hui? Combien de journaux et d'organisations « politiques et non politiques » ont été abolis après 1948? Et combien après 1968? En 1977, nombre de citoyens ont subi diverses persécutions en liaison avec la Charte 77 dont la pétition se borne à demander que soient observées les lois adoptées par nos plus hautes instances législatives.

Le programme réclame également « l'élimination de toutes
les inégalités politiques et sociales », et définit la lutte menée
par la classe ouvrière comme une lutte « pour des droits et
des devoirs égaux ». La pratique actuelle s'écarte de ces
principes moraux et politiques. Les citoyens sont persécutés
pour leurs convictions, parfois bien des années après les
avoir exprimées. La Charte 77 a en sa possession un grand
nombre de documents qui en constituent la preuve. Les
principes de l'égalité et de la justice ont largement été
abandonnés en faveur d'une politique qui consiste, dans
tous les secteurs de la vie économique et sociale, à pourvoir
les postes dirigeants essentiellement de membres du parti
communiste. Cela signifie que les critères de nomination aux
postes de responsables ne sont généralement pas les connais-
sances, les aptitudes et les qualités morales du postulant,
mais sa servilité, son absence de scrupules et les appuis dont
il dispose. A l'heure actuelle, bien des travailleurs ne
considèrent plus le parti communiste de Tchécoslovaquie
comme un parti ouvrier, mais comme un parti de « sei-
gneurs ».
Les signataires de cette déclaration affirment leur allégeance
aux traditions du mouvement ouvrier et socialiste originel.
Le parti communiste, parti au pouvoir dans notre pays,
prétend lui aussi y adhérer. Mais le régime actuel n'honore
pas bien des principes formulés par les pionniers de ce
mouvement.
En tant que socialistes et démocrates, nous nous sentons
personnellement responsables de la réalisation des principes.

[Parmi les vingt-trois signataires : Frantisek Kriegel, Jaroslav
Sabata, Jiri Muller.]

Le Syndicat libre de Klebanov, le bulletin *Robotnik,* le
Comité d'organisation des syndicats libres de Katowice, la
volonté des mineurs roumains de s'organiser pour défendre
leurs revendications, la déclaration des « vingt-trois » de
Brno et de Prague reflètent et accélèrent, sous des formes et
à des rythmes divers, un même mouvement : celui qui
mène à l'organisation indépendante des travailleurs pour
défendre leurs droits et leurs revendications, ceux-là mêmes

que rappelait la charte de fondation du Comité de défense
des ouvriers polonais :

> Droit au travail, droit de grève, droit à la libre expression
> de ses convictions personnelles, droit de réunion et de
> manifestation.

Ne faudrait-il pas ajouter : droit de s'organiser en toute
indépendance pour réaliser ces droits...?

En publiant ces documents, le Comité international
contre la répression se donne comme objet de soutenir ce
combat et d'y apporter sa contribution.

La déclaration de la FSM diffusée dans *Troud*, l'organe
des syndicats officiels de l'URSS, le 11 juin, deux mois
après le congrès de la FSM resté muet sur le syndicat libre
soviétique, huit semaines après la conférence de presse
CGT-FEN-FO-CFDT de Paris, une semaine après le
voyage de Léonide Brejnev à Prague où siège le secrétariat
de la FSM, souligne l'extrême inquiétude des dirigeants
des syndicats intégrés à l'appareil d'Etat et de cet appareil
lui-même. Le texte invite les 240 millions « d'adhérents »
de la FSM à resserrer les rangs face... à des syndicats
libres qu'il déclare fantômes. 200 adhérents en URSS,
quelques dizaines en Pologne, un embryon en Tchécoslovaquie... La disproportion des chiffres est gigantesque.
Mais le droit à s'organiser librement de 170 millions de
travailleurs de l'Europe de l'Est et de l'URSS est en jeu
dans ce combat entre David et Goliath. Qui peut douter
que la solidarité agissante des syndicats qui sont indépendants des Etats, des Eglises et des partis auxquels font
appel Klebanov et ses camarades, ne soit un élément
décisif de ce combat dont tout indique qu'il sera impi-
toyable?

N.B. : Le Comité international contre la répression,
fondé en avril 1976, a déjà mené plusieurs campagnes
similaires. Il a ainsi, avec la participation de la FEN, de

la CGT-FO et de la CFDT [1], organisé le 14 octobre 1977 un grand meeting dans la salle de la Mutualité à Paris pour défendre les revendications des syndicalistes péruviens arrêtés, licenciés, expulsés, entre autres les dirigeants du syndicat des mineurs, dont le secrétaire général Victor Cuadros et plusieurs avocats du syndicat qui ont alors adhéré au Comité. Six semaines plus tard, le 30 novembre, le Comité tenait un meeting contre la répression en Tchécoslovaquie. Il a, en avril 1978, diffusé massivement auprès des médecins l'appel du cancérologue français Léon Schwarzenberg, membre du Comité international contre la répression, exigeant, à l'occasion du Congrès de cancérologie de Buenos Aires, la libération de tous les médecins argentins emprisonnés. Le 19 juin 1978, le Comité a organisé à la Mutualité un meeting contre la répression en Argentine.

Le Comité édite régulièrement la revue de l'opposition socialiste tchécoslovaque *Listy* dont huit numéros sont déjà parus à ce jour [2].

Le Comité a publié, en français, les *Documents du Comité de défense des ouvriers de Pologne* [3].

Le Comité a publié des dossiers sur la répression en Iran, au Pérou, en Yougoslavie, en Irlande du Nord, au Maroc, en Bulgarie, en Argentine.

Jean-Jacques Marie.

N.B. : Le terme « prokuratura » traduit ici — improprement — par Parquet recouvre une institution spécifique en URSS qui, outre des fonctions correspondant à notre Parquet, est investie du rôle de « gardienne de la légalité » et jouit de ce fait d'un certain nombre de moyens pour faire respecter la « légalité socialiste ».

1. La CGT, invitée, n'avait pas répondu.
2. Abonnement 1 an, 4 n[os], 18 F : *Comité international contre la répression* (secrétaire Jean-Jacques Marie). Adresse : BP 221, 75564 Paris Cédex 12; CCP : J.-J. Marie, Paris 15 872 89 V.
3. Contre 13 F franco de port : même adresse, même CCP.

Adresse à l'Organisation internationale du travail (OIT) et aux Organisations syndicales des travailleurs des pays occidentaux

Nous, chômeurs soviétiques venus à Moscou de diverses villes et Républiques du pays, sommes contraints de vous demander par cette *Adresse* votre aide matérielle et morale à travers la presse des pays occidentaux. Nous n'avons aucune autre possibilité.

Nous avons tous été licenciés de notre travail pour avoir dénoncé des abus ou pour avoir critiqué ouvertement les dirigeants des usines où nous travaillions (pillage de biens matériels, pots-de-vin, falsification des chiffres, préjudices graves causés à la production, violations grossières de la législation du travail, etc.).

Nous sommes des gens d'âge moyen (35-45 ans), nous travaillons depuis plusieurs dizaines d'années.

Cela fait de un à cinq ans que nous sommes sans travail.

Il semblait que les problèmes que nous soulevions devaient recevoir le soutien si ce n'est des autorités locales, du moins des instances supérieures et de la presse.

D'un côté le Parti et le gouvernement appellent les citoyens soviétiques à rétablir l'ordre nécessaire là où celui-ci est trangressé, dans la production, la vie de l'Etat ou de la société. Mais de l'autre les organes soviétiques du pouvoir s'acharnent férocement contre ceux qui se conforment strictement à la légalité et interviennent dans l'intérêt de la production, répondant ainsi aux appels de la propagande.

Tous nos efforts pour obtenir justice auprès des autorités ont été vains.

Nous nous sommes adressés, chacun en particulier, aux organes centraux du pouvoir soviétique : CC du PCUS, Présidium du Soviet suprême, Conseil des ministres de l'URSS, Conseil central des syndicats, on ne nous a pas répondu.

Les organes judiciaires répondent à nos questions, mais il s'agit toujours de faux-fuyants bureaucratiques, de nous renvoyer d'une instance à l'autre. Quand nous nous adressons aux instances supérieures, au lieu de mesures constructives, on emploie à notre égard, pour avoir usé de notre droit de plainte, des méthodes inadmissibles : sous le prétexte de nous inscrire à une audience avec la direction, on nous arrête, individuellement ou par groupes et on nous envoie à la milice ou en hôpital psychiatrique.

Cela se pratique dans les instances les plus élevées : à la réception du CC du PCUS, du Présidium du Soviet suprême de l'URSS et du Parquet.

On ne peut obtenir d'audience dans aucune administration supérieure soviétique. Tous les personnages haut placés, nos « serviteurs » comme ils s'appellent eux-mêmes, sont protégés de nous par la police.

Nous avons décidé de nous unir. Nous avons tenté d'obtenir satisfaction collectivement, on a continué, comme auparavant, à nous faire expulser de Moscou par la police, à nous interner en hôpital psychiatrique.

Nous nous sommes adressés collectivement à toutes les organisations sociales : le Parti, les soviets, les syndicats, aux rédactions des journaux centraux : la *Pravda*, les *Izvestia*, *Troud*, *Literatournaïa Gazeta ;* aux revues *Ogoniok*, *Kommounist*, la *Vie du Parti*, la *Légalité socialiste*, on ne nous a pas répondu.

Nous espérions que la nouvelle Constitution de l'URSS apporterait des changements à l'arbitraire dont sont victimes les travailleurs ; les faits de répression et d'internements en hôpital psychiatrique cités dans cette *Adresse* prouvent que la nouvelle Constitution n'est pas prise sérieusement en considération par les organes soviétiques et sert seulement de paravent pour tromper le peuple soviétique et l'opinion publique mondiale.

Après que nous eûmes rendu publics des actes d'arbitraire et de violence, on nous a invités à la rédaction du journal les *Izvestia* et au comité du KGB, où l'on nous a promis de l'aide.

En fait tout cela n'était que tromperie :

La rédaction des *Izvestia* ne poursuivait qu'un but, en nous recevant un à un, en nous flattant de promesses : déterminer qui de nous était l'organisateur ; tout visait à nous diviser, à semer chicanes et querelles.

Les organes du KGB voulaient découvrir notre nombre exact, les adresses des membres de la protestation collective pour les expulser de Moscou ou les interner en hôpital psychiatrique.

C'est pourquoi nous avons décidé d'organiser notre syndicat véritablement indépendant, pour avoir, sur le plan officiel et juridique, le droit de défendre nos droits et intérêts, d'associer tous ceux qui le désirent, dont les droits sont injustement bafoués — en quelque domaine que ce soit — pour mener une lutte commune pour défendre nos droits, garantis par la nouvelle Constitution de l'URSS.

Nous considérons que c'est seulement par notre union, et en nous appuyant sur l'opinion publique des travailleurs de tous les pays, que nous pouvons contraindre nos dirigeants à respecter les travailleurs du rang.

Les syndicats soviétiques ne défendent pas nos droits et n'ont pas l'autorité nécessaire, car les positions clés dans les syndicats sont occupées par des communistes, c'est-à-dire des gens qui n'ont pas réussi à percer dans les organisations du Parti; tous sont ingénieurs ou techniciens et, s'ils ne sont pas réélus, ils tombent sous la dépendance directe de l'un ou l'autre des dirigeants de l'entreprise et, ne fût-ce qu'en raison de ces considérations, sont obligés de suivre toujours l'avis de la direction.

Les élections syndicales sont purement formelles : les présidents des comités syndicaux sont élus et désignés par la direction de l'usine, le secrétaire du Parti et le comité de district du PCUS.

Voici comment cela se passe : les statuts prévoient un délégué pour dix syndiqués élu à la conférence préparatoire.

Il faut remarquer qu'en URSS il n'est pas une entreprise où les employés et les ouvriers ne soient syndiqués à 100 %.

Tout cela serait démocratique si... les délégués étaient élus en assemblée générale, en présence de tous.

Dans la pratique, pour être sûrs à l'avance d'être soutenus, la direction et le comité du Parti ont recours au truc suivant : les délégués sont choisis par atelier ou secteur de travail. On réunit préalablement les cadres auxquels le président du syndicat, ainsi que le secrétaire du Parti et le directeur dictent le mode d' « élection » des délégués.

Ensuite ont lieu les élections par atelier ou secteur; en général le chef d'atelier ou de secteur « recommande », c'est-à-dire inscrit pour le vote, ses protégés; ceux-ci, par reconnaissance, proposent sa candidature et celles des contremaîtres; de plus, dans chaque secteur, on présente encore quelques employés de l'entreprise, sous couleur de compétence, les employés élisent leurs propres délégués, et on ne fait même pas allusion aux ouvriers, si bien qu'en fin de compte, alors que les ouvriers sont environ dix fois plus nombreux que les employés, presque tous les ingénieurs et

techniciens se retrouvent à la conférence, c'est-à-dire tous
ceux qui n'ont pas souci des intérêts ouvriers.

On arrose largement les délégués, on organise des buffets
où abondent les produits alimentaires rares et les boissons
alcoolisées.

Siègent au Présidium sans y être invités : le directeur de
l'entreprise et les représentants du comité de district du
Parti, du syndicat de ville, le secrétaire du Parti qui
enregistrent les candidatures, c'est-à-dire inscrivent sur un
bulletin les candidatures qui leur conviennent.

Aucune autre candidature n'est prise en compte. C'est
pourquoi l'élection des membres du futur comité syndical
est assurée d'avance.

L'élection du président et la répartition des responsabilités s'effectuent à table, une table croulante de victuailles et
d'alcools, aux frais de la société, tandis que les verres
s'entrechoquent pour porter toast sur toast.

Les « représentants » des organisations syndicales de
base élisent des délégués au comité d'arrondissement et
ainsi de suite.

Dans cette *Adresse* nous allons citer à l'appui de notre
argumentation des faits tirés des journaux et dont nous
affirmons qu'il ne s'agit pas d' « insuffisances » isolées,
mais d'une réalité quotidienne, devenue la norme.

Le journal, *Drapeau de Lénine,* organe du Comité de
région du PCUS et du Soviet des députés du peuple de
la région de Moscou publie l'article : « Notre patience
est à bout » dans la rubrique : « Les lecteurs s'émeuvent »
le 27 janvier 1978, n° 23 :

> [...] C'est la deuxième année que le collectif de la direction
> n° 3 des transports de Mojaisk est alerté par des lettres
> anonymes dont le flot incessant s'écoule vers diverses
> organisations locales et régionales [...].
> [...] Ces signaux ne sont pas les premiers [...].
> [...] Le 14 octobre 1977 a eu lieu la conférence électorale du

syndicat. Ensuite on a donné un rouble à chaque ouvrier et le personnel des bureaux est allé au restaurant manger au compte du syndicat [...].

[...] Le dirigeant de l'entreprise V. F. Stepakine a dit : nous avons de vieilles traditions, nous considérons qu'il vaut mieux boire tous ensemble que de se cacher dans les coins [...].

[...] Le président du comité syndical N. I. Mirochnikov : le Comité de région du syndicat affecte des fonds spéciaux à ce type de « rencontres ».

Dans *Troud* du 20 janvier 1978, n° 17, l'article : « Les bons de vacances des autres » (ville d'Enakiev, région du Donetz) :

[...] L'intervention du haveur A. L. Todoseitchouk à la tribune de la conférence électorale du syndicat était claire pour beaucoup à la mine. A. L. Todoseitchouk a sévèrement critiqué le président du comité de mine V. S. Sigariov pour avoir laissé passer des infractions à la législation du travail et fait un usage injustifié de l'aide matérielle. L'ouvrier donna des exemples concrets. Ce sont toujours les mêmes, dit-il, qui, d'année en année, bénéficient des bons de séjours en établissements de cure. Plus encore, c'est après une absence injustifiée que D. Ganziouk est parti se reposer et c'est après une cure anti-alcoolique que E. Litvine et A. Melikhov ont reçu leurs bons de vacances. Et que s'est-il passé ? Les dirigeants de la mine, le directeur général de l'union « Ordjonikidzecharbon » N. F. Siomtchenko, le secrétaire du Comité de parti V. I. Gromov et le président du Comité territorial d'Enakiev des syndicats de l'industrie charbonnière V. I. Kozlitine membres du Présidium ont fait la sourde oreille. La suite est surprenante. A. L. Todoseitchouk était membre du comité de mine. Avant la conférence il avait été recommandé pour faire partie du nouveau comité. Mais quand on passa à la présentation des candidatures, le Présidium ne mentionna pas A. L. Todoseitchouk. Malgré les propositions venues de la salle il ne figura pas sur la liste proposée au vote secret.

Sigariov fut à nouveau élu président du comité de mine, bien que 59 délégués sur 163 aient voté contre lui (d'après les statuts il faut les deux tiers des voix pour être élu, remarque des auteurs de l'*Adresse*). Ainsi, aux yeux de tous, en pleine lumière, Sigariov fut protégé contre l'avis de ceux qui disaient la vérité en face et dénonçaient ses mauvaises actions.

> [...] A. L. Todoseitchouk décida d'obtenir justice. Ses lettres au Conseil syndical régional du Donetz et au Comité de république des syndicats des ouvriers de l'industrie charbonnière, il les signa de tous ses titres ouvriers : haveur, communiste, mineur, mineur d'honneur du pays, chevalier de l'Ordre du drapeau rouge du travail; personne n'a répondu à ses lettres [...].
> [...] Sigariov contrefait les signatures, vend les bons de vacances à une certaine E. A. Sotnikova qui n'a rien à voir avec la mine, il a tout simplement chassé de son cabinet la bibliothécaire en chef (venue pour des raisons de service), il se moque des réclamations du procureur de la ville. En peu de temps sont parvenues à diverses instances des plaintes de ses subordonnés. Il n'y est question que de sa grossièreté vis-à-vis de ses collaborateurs. C'est la raison pour laquelle les gens quittent leur travail « *sur leur demande* » [...].

Dans nos précédentes lettres ouvertes nous avons écrit : « Nous sommes des milliers dans cette situation. »

Oui, nous n'avons rien exagéré. Nous sommes convaincus qu'un ouvrier ou employé sur dix au moins peut nous rejoindre.

Consultons la presse : la *Pravda* du 21 janvier 1978, n° 21, écrit dans l'article : « Manque de persévérance » :

> [...] Il y a des milliers de travailleurs dans l'entreprise [il s'agit de l'entreprise 1126 de Petrozavodsk].
> [...] L'an dernier par exemple un tiers des travailleurs ont été licenciés [...].

Moscou-Soir du 21 janvier 1978, n° 18, sous le titre : « Un sujet épineux », concernant l'usine de réparation et construction de wagons de Sokolniki, écrit :

[...] Nous attachons une grande importance au travail des cadres [...] Avec quels résultats? La balance n'est pas en notre faveur : 24 licenciés, 15 embauchés [...].

Dans le journal *Drapeau de Lénine* du 25 janvier 1978, n° 25, sous le titre : « Séparations faciles » :

[...] Pendant ces trois dernières années, 262 travailleurs ont quitté notre union. En fait les deux tiers ont été licenciés [...].

La *Pravda* du 29 mars 1976, n° 89 : « En cas de conflit du travail » :

[...] La législation de la République d'Arménie prévoit comme sanction aux manquements à la légalité l'annulation du contrat de travail du travailleur dirigeant ou la destitution de fonctions. Pourtant, il n'est jamais arrivé, dans notre République, que le syndicat use de ce droit. Il arrive cependant qu'il y ait matière à de telles sanctions [...].

Cet article cite plusieurs dizaines d'exemples de licenciements abusifs d'ouvriers et employés et les *syndicats* n'ont aidé aucun d'entre eux.

Voici ce qui se passe dans une importante usine métallurgique de la ville d'Enakiev, dans la région du Donetz, où travaillent plus de 15 000 ouvriers. A qui leur sort est-il confié? La *Pravda* du 7 janvier 1978, n° 7, dans son éditorial : « L'efficacité de la critique » écrit :

[...] Le directeur de l'usine métallurgique d'Enakiev, Iouni T. Tchernet, s'est à ce point senti touché par une critique parue dans un journal local qu'avant l'ouverture d'une conférence il a lancé cet ultimatum : « C'est elle ou moi. » Et il a obtenu ce qu'il voulait : la conférence ne s'est ouverte qu'après qu'« elle » (la correspondante du journal) eut quitté la salle [...].

Comme l'écrivent les journaux au sujet des meilleurs parmi les meilleurs, c'est-à-dire les communistes, la *Pravda* du 21 janvier 1978, n° 21 :

[...] Dans l'entreprise il y a des milliers de travailleurs, 75 sont communistes [...]. Le secrétaire du Comité du parti,

A. Minkovitch, a toléré de tels actes (?!?) que les communistes ont dû élire un nouveau secrétaire, A. Oulianov. Les communistes espéraient qu'il allait prendre les choses en main. Ça n'a pas marché : il manquait de caractère et d'expérience. Et il a fallu exclure du bureau encore deux membres : K. Assanov qui se soûlait et V. Ouchanov qui enfreignait la discipline financière [...].
[...] Et alors 49 travailleurs ont écrit à la *Pravda* : « L'article n'a pas été discuté dans les équipes. Il n'y a aucun changement sensible dans l'entreprise [...]. »

Tout le pays est couvert de la moisissure corrosive du *bureaucratisme,* nous en témoignons, nous et nos compagnons d'infortune, qui sont déjà plus de 200, venus de diverses entreprises et de plus de 150 villes et districts du pays.

Nous sommes une partie infime de tous ceux qui, chaque jour, emplissent les antichambres des appareils centraux.

Nous demandons à l'OIT et aux syndicats de travailleurs de reconnaître notre syndicat libre de travailleurs et de nous apporter une aide matérielle et morale.

Respectueusement.

Les membres du nouveau Syndicat libre des travailleurs en Union soviétique :

1. Klebanov V. A.
2. Oganessian Ch. A.
3. Poplavski V. T.
4. Tchetverikova V. V.
5. Loutchkov V. F.
6. Foufaieva A. S.
7. Gouriev M. E.
8. Manakova T. M.
9. Ovtchinikova A. D.
10. Ovtchinikova D. D.
11. Ivanov N. P.
12. Melentiev M. L.
13. Koutcherenko V. I.
14. Kachapova V. G.
15. Kategorenko T. A.
16. Izvekova V. N.
17. Kozlova K. A.
18. Travkina V. L.
19. Chkorbatov Ia. A.
20. Matioucheva M. P.
21. Iankov G. T.
22. Melentieva M. P.

23. Dvoretskaïa M. I.
24. Gaïdar N. I.
25. Klebanova Z. T.
26. Kravtchenko T. I.
27. Faïzine R. A.
28. Kourakina N. V.
29. Vakherova N. A.
30. Nikolaiev E. B.
31. Zaotchnaia T. K.
32. Nartchougov A. P.
33. Ignatieva G. I.

34. Mikhaïlova A. P.
35. Chestakov F. I.
36. Pozniakov A. N.
37. Pelekh V. A.
38. Tsvyrko G. A.
39. Kozyrev Z. A.
40. Valedo L. A.
41. Djafarov Ch. M.
42. Krioutchkov N. N.
43. Reznitchenko P. F.

Remarque : nous ne donnons pas les adresses des membres du Syndicat libre en Union soviétique, elles figureront dans les documents joints.

Nous vous prions d'écrire aux adresses suivantes :

Vladimir Alexandrovitch Klebanov
Poste restante
103009 Moscou K-9

Chagen Akopovitch Oganessian
Poste restante
103009 Moscou K-9

Valentin Tikhonovitch Poplavski
25, rue Simféropolskaïa, app. 14
Klimovsk-3, région de Moscou

N.B. : le KGB vérifie les lettres, les intercepte parfois.

Moscou, 1ᵉʳ février 1978.

La liste des futurs membres du Syndicat libre en Union soviétique est envoyée séparément.

*

**GROUPE MOSCOVITE DE SURVEILLANCE
DES ACCORDS D'HELSINKI.**

DÉCLARATION A LA PRESSE

Un groupe d'ouvriers et d'ingénieurs-techniciens, originaires de différentes localités, a dernièrement tenu plusieurs conférences de presse au cours desquelles ils ont affirmé leur décision de combattre ensemble pour améliorer la sécurité du travail dans les entreprises, pour obtenir de meilleures conditions de travail, une juste rémunération et une juste répartition des logements, pour se défendre contre les licenciements injustifiés, en particulier pour cause de critiques. Ce groupe vient d'annoncer la création d'un syndicat libre. Nous suivons avec intérêt cette initiative et nous attendons la publication des textes définissant les buts et les tâches que s'assigne cette association.

Le Groupe pour l'application des accords d'Helsinki estime à ce propos nécessaire de rappeler à l'opinion publique soviétique et mondiale que la création de ce syndicat est conforme à la loi. L'article 225 du chapitre xv du Code du travail (Editions juridiques, Moscou 1972) « Droit des ouvriers et employés à se rassembler au sein de syndicats » stipule ce qui suit :

> Conformément à la Constitution de l'URSS et de la RSFSR, le droit de se rassembler dans des syndicats est assuré aux ouvriers et aux employés. Les syndicats fonctionnent conformément aux statuts qui leur sont propres et ne sont pas

tenus à l'enregistrement auprès des organes de l'Etat. Ces derniers sont tenus, au même titre que les entreprises, les institutions, les organisations sociales, d'assister l'activité des syndicats par tous les moyens [*texte intégral*].

Notre groupe ne s'est jamais donné et ne se donne pas pour tâche de participer à l'activité des diverses associations ou groupes de la population (communautés religieuses de pentecôtistes, chrétiens évangéliques-baptistes, adventistes, etc., Allemands et Juifs luttant pour le droit à l'émigration; Tatars voulant retourner en Crimée; détenus politiques s'efforçant d'obtenir un traitement humanitaire, des soins médicaux, une nourriture suffisante et des conditions d'existence tolérables).

Notre groupe a pour objectif de révéler des actes portant atteinte aux droits des citoyens ou des collectivités, et d'œuvrer à la réalisation de ces droits, conformément aux termes de l'Acte final d'Helsinki.

Nos relations avec le syndicat qui vient de se créer peuvent se fonder sur les mêmes principes. Nous supposons à cet égard que les buts et les tâches de cette association reposeront sur les principes de la Déclaration universelle des droits de l'homme et des pactes internationaux sur les droits, dont s'inspire l'Acte final de la conférence d'Helsinki.

9 février 1978.

Elena Bonner
Sophia Kallistratova
Naoum Meïman
Tatyana Ossipova
Vladimir Slepak

Lettre ouverte (20 mai 1977)

Nous sommes des citoyens soviétiques venus de diverses villes d'Union soviétique, que le malheur a réunis.

On nous a privés abusivement de notre travail, on nous a licenciés et laissés sans moyens de subsistance. On ne cherche pas à résoudre véritablement nos problèmes, et nous sommes en butte à une répression constante.

Côté propagande pour les droits de l'homme, nous sommes comblés.

La presse peut publier plusieurs mois de suite, numéro après numéro, un avis demandant une âme charitable et attentionnée pour quelque chien abandonné. Mais aucun journal ne veut même recevoir nos déclarations, où il est question des souffrances humaines d'honnêtes citoyens et de leurs enfants qui vivent bien plus mal, et pendant de nombreuses années, qu'un *chien* habitant à l'aéroport.

Où que nous nous adressions, au Parquet de l'URSS, à la Cour suprême de l'URSS, au Conseil des ministres de l'URSS, au Présidium du Soviet suprême de l'URSS, au Conseil central des syndicats ou au CC du PCUS, nulle part on ne veut même nous écouter, on renvoie nos plaintes aux organes qui en font l'objet, on nous fait parvenir des réponses évasives et sans fondement.

Pour la seule raison que nous sommes des gens honnêtes et que nous avons des principes, que nous sommes intervenus contre la pratique des pots-de-vin, le gonflement des résultats, la dilapidation de la propriété socialiste, la dissimulation des accidents du travail et autres abus des dirigeants des entreprises où nous *travaillions*.

Nous envions ce chien anonyme qui vivait à l'aéroport : il a été choyé par des mains humaines prévenantes, il n'a connu ni les offenses ni la misère.

Mais nous, qui avons un nom de famille et des enfants qui portent notre patronyme, nous *souffrons*. Nous n'avons pas mérité qu'on nous offense, qu'on nous brutalise, qu'on nous jette en prison ou en hôpital psychiatrique.

Un chien ne supporterait pas toutes ces humiliations et ces railleries :

1. *Klebanov, Vladimir Alexandrovitch,* deux enfants, interné de 1968 à 1973 dans les prisons et les hôpitaux psychiatriques spéciaux du MVD pour avoir dénoncé les abus commis dans la mine Vajanov du groupement de production « Makeievougol ». Sa femme et ses enfants sont restés sans ressources durant ces années. Pour être libéré, il a dû rendre, deux mois avant sa libération, une partie de l'argent qui lui avait été versé au cours de ces années de souffrances.

Ces souffrances n'ont pas semblé suffisantes aux dirigeants de Makeievka et de Donetsk. En 1973, pour ne pas statuer sur la responsabilité pénale, les juges du tribunal régional de Donetsk, sous la direction de son ex-président Ivantchenko, ont jugé Klebanov *irresponsable,* malgré les protestations du procureur de la région de Donetsk.

Le reste de son argent y passa : la Cour suprême d'Ukraine cassa, sur protestation du procureur de la RSS d'Ukraine, l'arrêt abusif du tribunal de Makeievka et du Présidium du tribunal régional de Donetsk. Cela prit deux années. Les juges continuent de travailler sans être inquié-

tés, quant à Klebanov on lui refuse tout travail car son
Livret de travail comporte la mention : « Licencié pour
cause d'arrestation », ce qui constitue une grossière violation du Code du travail.

Le 10 février 1977, V. A. Klebanov fut de nouveau arrêté
par les agents du KGB de Moscou et emmené au poste
de milice n° 46 où se trouvait déjà un psychiatre qui avait
reçu des instructions. Il fut placé de force à l'hôpital
psychiatrique n° 7 de Moscou.

Pendant ce temps-là, les agents du KGB et du Parquet
du district central de Makeievka firent une perquisition,
sans mandat du procureur, chez T. I. Volkova, V. V. Tchetverikova et Z. T. Klebanova.

Cette fois, les agents du KGB voulaient imputer à
Klebanov l'explosion du métro de Moscou.

Et cette fois encore, les violateurs de la légalité socialiste
trouvèrent des gens pour les couvrir au Parquet de l'URSS
et en la personne de l'assesseur populaire A. I. Sizova.

2. *Poplavski, Valentin Tikhonovitch*, deux enfants, licencié illégalement depuis 1975. Tabassé dans son propre
appartement et sous les yeux de ses enfants par les
agents de la milice de Klimovsk, sur ordre du directeur
de l'usine de béton armé et de préfabriqués, Polstianov.

Le 30 juin 1976, s'étant adressé au CC du PCUS, il fut
embarqué sans aucun motif par les agents du KGB et
du poste de milice n° 46, et condamné en une heure par
le tribunal populaire de l'arrondissement de Bauman, à
Moscou, à quinze jours de prison.

Le 10 février 1977 à 19 heures, un chef de poste de la
milice et un agent du KGB ont fait irruption chez lui
pour essayer de l'arrêter sans mandat, mais des gens les en
ont empêchés. Ils voulaient probablement lui attribuer
l'histoire du métro.

Les cinq membres de sa famille vivent dans la misère, sur

le salaire modeste de Lilia Poplavskaïa. Et pourtant les fils
de V. T. Poplavski sont en âge de défendre la patrie.

3. *Foufaieva, Anna Sergueievna*, deux enfants, licenciée
abusivement en 1975. Condamnée illégalement par la
milice et le tribunal de Krasnoarmeïsk, région de Moscou,
à dix jours. Les menaces incessantes l'ont obligée à quitter
son appartement et à déménager dans le village d'Ogoudnévo. Mais même là, on ne la laisse pas tranquille : sur
intervention du président du Soviet d'Ogoudnévo,
V. M. Foufaiev fait régulièrement dévaster le lopin de terre
semé d'A. S. Foufaieva. Le président du Soviet, N. S.
Khitrov, a donné l'ordre de ne pas accepter d'argent pour
son lopin de terre [1]. A l'initiative de Kolmogorov, l'ex-
directeur de l'usine « Cinquantenaire de l'URSS » de
Friazino, des médecins, gens qui exercent la plus humanitaire des professions, ont rédigé, après le licenciement
abusif d'A. S. Foufaieva, des certificats antidatés selon
lesquels elle ne pouvait travailler comme aquafortiste, bien
qu'une commission d'expertise plus compétente de la
Médecine du travail ait certifié que Foufaieva pouvait
reprendre son ancien travail. L'assesseur populaire Zaloguine, du tribunal populaire de Chtchelkovo, région de
Moscou, qui assurait la défense de l'administration, refusa
de prendre en considération le certificat de l'Institut de
recherche scientifique F. F.-Erisman, selon lequel elle pouvait exercer la profession d'aquafortiste.

Quel que soit l'endroit où elle s'adresse, personne ne
veut l'embaucher; chacun se base sur la décision du tribunal de première instance. Le juge Zaloguine avait omis
de mentionner dans son jugement que Foufaieva avait eu,
bien avant son licenciement, un accident du travail avec

---

1. Si elle ne paie pas l'impôt, d'ailleurs symbolique, pour son lopin de
terre, celui-ci n'est pas censé lui appartenir. (*N.d.T.*)

responsabilité de l'entreprise et qu'elle touchait une indemnité pour incapacité partielle : dans ces conditions, en effet, l'administration n'avait pas le droit de la licencier.

G. I. Marchalkine, employé du Comité de Moscou du PCUS, mis devant le fait de nombreuses années de lenteurs bureaucratiques et d'illégalité, s'efforce de disculper les violateurs de la légalité socialiste.

4. *Chkorbatov, Iakov Alexandrovitch*, invalide de la Seconde Guerre, un enfant. Ne peut obtenir de travail dans sa spécialité.

Il vit avec son fils avec 60 roubles, alors que le minimum vital est fixé chez nous à 50 roubles par personne. Ils habitent dans un wagon où naguère vivaient des prisonniers qui, eux, avaient l'eau, le chauffage et l'électricité. Maintenant, il n'y a rien de tout cela, car Ia. A. Chkorbatov est un homme honnête et consciencieux.

Le 29 décembre 1976, Ia. A. Chkorbatov a été renversé par une voiture en allant à son travail. Il a passé deux mois à l'hôpital. Pendant ce temps, on ne lui a pas versé un sou, aucun constat n'ayant été établi... Le procureur du district Dinski de Krasnodar a fait arrêter l'affaire, car l'accident a été causé par des employés de la milice de la direction du MVD de Krasnodar qui conduisaient en état d'ivresse : le chauffeur N. A. Emélianov et son compagnon de bouteille, l'adjudant de la milice M. T. Atchkov.

5. *Kategorenko, Taïssia Andreievna,* deux enfants, licenciée illégalement depuis 1975. Licenciée et réintégrée à trois reprises. En son absence, ses affaires ont été sorties de son appartement, sous la pluie, par la milice de Klimovsk, sur décision du tribunal de Podolsk, région de Moscou, saisies par l'administration qui l'avait licenciée. Une partie des affaires ont disparu, le reste est hors d'usage. On la menace sans cesse de la mettre en prison.

6. *Kachapova, Vénéra Gabdourakhmanovna,* vit seule, ne peut fonder de famille car elle a été licenciée de son poste d'infirmière de l'hôpital n° 1 des Chemins de fer d'Oufa pour la raison qu'elle venait d'arriver en tête de liste pour l'attribution d'un appartement. Elle est en butte à une répression constante pour défaut de permis de séjour. A Moscou, on a tenté plusieurs fois de mettre V. G. Kachapova en hôpital psychiatrique. Au cours d'une entrevue personnelle, le 24 juin 1976, l'adjoint du procureur de l'URSS, A. S. Pankratov, au lieu de chercher à résoudre un problème pourtant simple, l'offensa sans raison en la traitant de prostituée.

7. *Izvekova, Valentina Nikititchna,* deux enfants, privée de travail depuis 1975 pour avoir dévoilé que le président du Comité exécutif du Soviet des députés de Tchernigov, I. N. Chmakov, avait abusé de ses fonctions pendant dix ans, qu'il avait réparti les appartements d'État et les appartements coopératifs en dépit des règlements et dans des buts de lucre, touché des pots-de-vin. Profitant de ses fonctions, il avait obligé ses subalternes à partager son lit : V. G. Trouch, L. N. Tkatch, L. L. Solomatina (d'après le procès-verbal du jugement rendu par le tribunal de Tchernigov).

V. N. Izvekova a passé quatre mois en prison et n'a toujours pas retrouvé de travail, I. N. Chmakov, lui, a passé trois mois dans une infirmerie de prison et il a retrouvé immédiatement un poste de direction, alors qu'il n'a pas la formation requise.

8. *Kozlova, Klavdia Alexandrovna,* deux enfants, licenciée de l'usine de Lipetsk depuis 1975. Au mois de juin 1976, elle a été reçue par le procureur général adjoint de l'URSS, A. S. Pankratov, qui l'a offensée dans son honneur d'ouvrière en la traitant de spéculatrice. Quelques

mois plus tard, la vice-présidente de la Cour suprême de la RSFSR, Sergueieva, émit une protestation contre le licenciement illégal de Kozlova, mais elle la rédigea de façon que l'administration reconnaisse ses maladresses et engage une nouvelle procédure judiciaire interminable.

Il ne faut pas prendre les gens pour des imbéciles!

Que le veuillent ou non certains complices véreux des dilapidateurs de biens publics, qui forment un véritable clan, tous les citoyens soviétiques honnêtes pourront connaître les noms des innocents qu'on a jetés, à divers moments, en prison ou en hôpital psychiatrique :

1. *Gaïdar, Nadejda Ivanovna,* de Kiev;
2. *Bats, Anna Moïsseievna,* du village de Pérémiaten, région de Rovno;
3. *Levit, Iakov Matoussovitch,* et sa fille, d'Odessa;
4. *Savinkov, Alexandre Mikhaïlovitch,* de Makeievka, région de Donetsk;
5. *Kimaieva, Anna Alexandrovna,* de Sverdlovsk;
6. *Chpilevoï, Piotr,* de Kiev;
7. *Zassimov, Dmitri Iakovitch,* de Ioujno-Sakhalinsk;
8. *Garagan, Grigori Iossifovitch,* de Kaliningrad, région de Moscou;
9. *Kosterine, Roman,* de Sovietsk, région de Kaliningrad;
10. *Nikolaiev, Evguéni Borissovitch,* de Moscou;
11. *Iankov, Gavriil Timofeievitch,* de Moscou;
12. *Tchernikova, Nadejda Illarionovna,* de Stavropol;
13. *Diatlov, Fiodor Fiodorovitch,* de Makeievka, région de Donetsk;
14. *Nikitenko,* de Donetsk;
15. *Bobrychev, Ivan Pétrovitch,* de Soussouman, région de Magadan;
16. *Fazylkhanov,* de Kazan;

17. *Boïko*, de Donetsk;
18. Epoux *Isaiev*, de Kouïbychev;
19. *Iobkine*, de Voronej;
20. *Kortchaguine, Victor Ivanovitch*, de Kémérovo-2;
21. *Oussitskov, Anatoli Fiodorovitch*, de Léningrad;
22. *Ostafiev, Sergueï Vassiliévitch*, de Donetsk;
23. *Kotchetkov, Anatoli Mikhaïlovitch*, de Moscou;
24. *Mouraviov, Piotr Mikhaïlovitch*, de Léningrad;
25. *Ovtchinikova, Anna Dmitrievna*, de Minsk;
26. *Toulikov, Kouzma Gavrilovitch*, de la région de Pavlo-dar;
27. *Otrokhova, Alissa Zakharovna*, de Vorochilovgrad;
28. *Galimova, Slou Abdourakhmanovna*, d'Oufa;
29. *Gavrilenko, Victor*, de Vinnitsa;
30. *Baloniouk, Victor*, d'Odessa;
31. *Popov*, de Dniepropetrovsk;
32. *Riakhina, Zinaïda Grigorievna*, de la région de Frounzé, RSS de Kirghizie;
33. *Maslov, Edouard*, d'Ojérélié, région de Moscou;
34. *Krioutchkov, Nikolaï Nikolaïevitch*, de Moscou;
35. *Kravtchenko, Tatiana Ivanovna*, de Nikolaiev.

Ce n'est qu'une petite partie des citoyens soviétiques qui ont été placés dans les hôpitaux psychiatriques de Moscou pour avoir exercé le droit de plainte.

Nous avons chacun des problèmes peu compliqués, qui pourraient être réglés sur place dans les délais requis par la loi.

Dans le peuple, on dit : « Le poisson pourrit par la tête! »

V. T. Poplavski et V. A. Klebanov ont été reçus par A. S. Pankratov, procureur général adjoint de l'URSS, en juin 1976, ils n'ont reçu une réponse qu'au bout de cinq mois, et cela après une plainte au Présidium du Soviet suprême de l'URSS.

Nous nous sommes adressés au bureau d'accueil du CC du PCUS; le directeur de ce bureau, V. N. Filatov, a refusé catégoriquement de nous recevoir.

Les employés du département administratif du CC du PCUS refusent également de nous recevoir : le directeur adjoint Victor Ivanovitch Gladychev, le chef de département Sergueï Alexandrovitch Chichkov, les responsables Lev Dmitrievitch Smirnov, A. V. Titov, Chtchoukine, Potapenko, N. A. Pétoukhov, etc., bien que leur première fonction soit de recevoir les citoyens soviétiques.

Les rédactions des journaux ne réagissent pas mieux aux plaintes des travailleurs. Ainsi, le 10 mai 1977, les employés du bureau d'accueil de la *Pravda,* P. M. Abramov et I. V. Goubina, refusèrent tout simplement de recevoir nos plaintes, alléguant une instruction du CC du PCUS, et ils furent tous couverts par Sergueï Sidorovitch Slaboniouk, employé du département de la Propagande du CC du PCUS.

En signe de protestation contre cette situation illégale, nous, quinze citoyens : 1. V. T. Poplavski; 2. V. A. Klebanov; 3. A. S. Foufaieva; 4. T. A. Kategorenko; 5. Ia. A. Chkorbatov; 6. V. G. Kachapova; 7. V. N. Izvekova; 8. K. A. Kozlova; 9. A. D. Ovtchinikova; 10. D. D. Ovtchinikova; 11. N. G. Mouraviov; 12. I. P. Bobrychev; 13. G. T. Iankov; 14. N. L. Pogrebniak; 15. Z. G. Riakhina, nous avons été amenés à porter au Présidium du Soviet suprême, le 10 novembre 1976, une déclaration de renonciation à la citoyenneté soviétique. Mais même ces déclarations sont mises sous le boisseau par le directeur du bureau d'accueil, Mikhaïl Petrovitch Skliarov.

Nous ne sommes pas des renégats, mais d'honnêtes citoyens soviétiques qui avons travaillé loyalement et consciencieusement pendant de nombreuses années dans diverses entreprises du pays et qui sommes obligés de divulguer mondialement cette déclaration pour mettre fin à l'illégalité et à l'arbitraire des véritables traîtres aux intérêts des travailleurs.

Le monde doit apprendre à la Conférence de Belgrade des chefs d'Etat signataires des accords d'Helsinki en quel lieu précisément et plus que partout ailleurs sont bafoués les droits de l'homme.

On doit nous réembaucher sur nos anciens lieux de travail, nous présenter des excuses pour notre honneur outragé.

Avec notre considération.

1. *Klebanov, Vladimir Alexandrovitch*, 67, rue Makarov, app. 12, Makeievka-19, région de Donetsk;

2. *Poplavski, Valentin Tikhonovitch*, 25, rue Simféropolskaïa, app. 114, Klimovsk-3, région de Moscou;

3. *Foufaieva, Anna Sergueïevna*, 107, village d'Ogoudnévo, district de Chtchelkovo, région de Moscou;

4. *Chkorbatov, Iakov Alexandrovitch*, wagon n° 15, cité Béloziorski, Krasnodar, région de Krasnodar;

5. *Kategorenko. Taïssia Andreievna*, 9, rue Simféropolskaïa, app. 53, Klimovsk-3, région de Moscou;

6. *Kachapova, Vénéra Gabdourakhmanovna*, adresse provisoire : poste restante, Moscou K-9;

7. *Izvekova, Valentina Nikititchna*, 100, rue Léon-Tolstoï, app. 28, Tchernigov;

8. *Kozlova, Klavdia Alexandrovna*, 20, rue Prokatnaïa, app. 6, Lipetsk.

20 mai 1977.

Plaintes individuelles...

Parquet d'URSS
8 août 1977
4-4686-72

à Klebanov V. A.
67, rue Makarov, app. 12
Makeievska-19, région de Donets

Votre plainte, que nous a fait parvenir le CC du PCUS, a été examinée. Par un arrêt du tribunal de district de Donetsk du 29 septembre 1969 elle a été reconnue fondée.

Votre action civile contre la mine Vajanov a été examinée par le tribunal et satisfaite dans la mesure où elle était juridiquement fondée.

Les affirmations de votre plainte concernant des détentions et perquisitions illégales n'ont pas été confirmées par les recherches.

En ce qui concerne les plaintes exposées dans votre déclaration au nom d'autres individus, elles sont également vérifiées et les mesures nécessaires correspondantes sont prises.

Premier adjoint du procureur général de l'URSS
Conseiller d'Etat de justice de 1re classe
A. M. Rekounkov.

COPIE

Le procureur
de l'arrondissement de Baouman
Moscou
17 juin 1977
JG279

>   au procureur du département
>   de surveillance des enquêtes
>   au Parquet de Moscou,
>   le camarade Tchouninova N. P.
>
>   COPIE : à Klebanov V. A.
>   Moscou K-9 poste restante

Nous vous renvoyons la plainte de Klebanov V. A. qui ne peut être examinée car la détention et la perquisition dont le demandeur a été l'objet ont été effectuées par des collaborateurs du KGB, soumis à la surveillance de Moscou.

>   Adjoint du procureur de l'arrondissement
>   de Baouman de Moscou
>   P. N. Podgornov.

COPIE

Parquet
de la ville de Moscou
12 septembre 1977
6 KM-1565-77

à Klebanov V. A.
Moscou K-9 poste restante

Le Parquet de Moscou a effectué des vérifications concernant votre plainte.

Il n'a pas été établi que les travailleurs du poste de police 46, où vous avez été conduit le 10 février 1977, aient commis d'infraction à la loi.

Le procureur du département
de surveillance des enquêtes
au ministère des Affaires intérieures
N. P. Tchoudina.

COPIE

Conseil des syndicats
du district de Moscou
31 octobre 1977
4372

> au camarade Poplavski V. T.
> 25, rue Simféropolskaïa, app. 114
> Klimovsk-3, région de Moscou

Suite à votre lettre, le Conseil des syndicats du district de Moscou communique qu'il n'est pas possible pour l'instant de satisfaire votre demande.

> Le secrétaire du CSDM
> P. M. Nossov.

COPIE

Ministère des Affaires
intérieures de l'URSS
16 décembre 1977
4-J-23353

> à Koutcherenko V. I.
> 36, rue Astemirova, app. 19
> Makhatchkala, RSS du Daghestan

Nous vous informons que votre plainte concernant des actes contraires à la loi commis par des travailleurs au centre de détention temporaire de Moscou a été examinée sur instruction du département du courrier du CC du PCUS et du Conseil central des syndicats par le ministère des Affaires étrangères de l'URSS.

Le contrôle a confirmé le bien-fondé de votre détention. Le régime et les conditions de détention ont été conformes aux normes en vigueur.

Il n'a pas été établi d'infraction à la loi de la part des travailleurs de la police.

L'adjoint du Chef du département
de la Direction centrale
V. A. Nikolaiev.

COPIE

Izvestia (rédaction)
8 décembre 1977
12-139876

à Poplavski V. T.
25, rue Simféropolskaïa, app. 114
Klimovsk-3, région de Moscou

La rédaction travaille sur votre plainte collective.

Veuillez nous faire savoir quel est, concrètement, le fond de votre conflit avec les dirigeants de l'entreprise dont vous avez été licencié.

Le correspondant du département du courrier
V. Iakovleva.

COPIE

Parquet de l'URSS
Département de surveillance
concernant l'examen des affaires
civiles devant les tribunaux
26 décembre 1977
8-1034-73

à Koutcherenko V. I.
36, rue Astemirova, app. 19
Makhatchkala, RSS du Daghestan

Suite à votre plainte, qui nous a été adressée par le KGB près le Conseil des ministres de l'URSS, nous vous informons que la décision du tribunal vous déboutant de vos demandes de réintégration dans votre emploi est conforme à la loi et que votre recours est refusé par la direction du Parquet de l'URSS.

Votre plainte est laissée sans suite.

Le procureur du département
conseiller principal de justice
L. I. Boutouzov.

COPIE

Izvestia (rédaction)
11 janvier 1978
93-153115

à V. F. Loutchkov

En complément à notre conversation téléphonique, nous vous informons que les questions liées à une demande de réintégration dans votre travail dépendent des décisions du tribunal.

On peut faire appel de ces décisions auprès d'un tribunal supérieur et du Parquet. Ceci n'entre pas dans les compétences de la rédaction.

Le correspondant du département
du courrier
J. Otoelenova.

Plainte collective (7 novembre 1977)

Nous, Soviétiques qui sommes venus sans nous connaître de diverses villes et qui avons fait connaissance à la croisée de nos chemins des tourments, au plein sens de ce terme, sommes forcés de nous adresser à la presse, aux organisations sociales et aux organes du Parti d'Union soviétique, et à la presse occidentale.

Chacun séparément, et depuis de nombreuses années, nous nous sommes adressés aux organes du Parquet et du Tribunal populaire, à la presse centrale et au département des organes administratifs du CC du PCUS.

Nous sommes des gens d'âge moyen, nous avons tous plus de dix années de travail derrière nous, mais personne ne veut discuter avec nous comme l'exige l'arrêté du XXVe Congrès du PCUS sur l'examen des requêtes et des plaintes des travailleurs.

Pour nous, honnêtes citoyens d'Union soviétique, privés abusivement du droit au travail pour avoir dévoilé les abus des directeurs des entreprises où nous travaillions, il semble qu'il n'existe pas de *lois*.

Non seulement on ne veut pas nous écouter ni examiner correctement nos requêtes, mais on emploie à notre égard des procédés illicites : l'expulsion de Moscou, l'internement en hôpital psychiatrique. Tout cela pour avoir exercé le *droit* de plainte. Cet arbitraire est le fait de gens qui sont investis de la confiance du *Parti* et du *peuple*.

Nous avons tous été reçus par le procureur général adjoint de l'URSS, A. S. Pankratov, et beaucoup d'entre nous ont assisté à son intervention publique du 9 juin 1976 dans la salle de conférence : il se montre sous un jour totalement différent. En public, A. S. Pankratov est un véritable communiste; mais, quand il est dans son bureau seul à seul avec le plaignant, il change d'attitudes; il a traité de spéculatrices K. A. Kozlova, de Lipetsk, et T. M. Manakova, de Soudak; de prostituée, V. G. Kachapova, d'Oufa; il a congédié, avec l'aide de la milice, G. F. Kasianova, de Mytichtchi; il a mis à la porte de son cabinet A. S. Foufaieva, du village d'Ogoudnévo, région de Moscou; il a traité de calomniateur V. T. Poplavski, de Klimovsk, en présence du procureur de la région de Moscou, Souvorov; il a exigé un pot-de-vin de V. A. Klebanov, de Makeievska, région de Donetsk; à Ch. A. Oganessian, d'Erivan, il a déclaré : « Il n'y aura plus de réponse écrite aux plaintes à partir du 3 juin 1977. »

Aux signataires de cette plainte collective il a envoyé des réponses évasives, et en violant grossièrement les délais d'examen des plaintes, ce qui ne fit que provoquer un nouvel afflux de plaintes et de requêtes.

Au département administratif du CC du PCUS, les camarades L. D. Smirnov, V. A. Pétoukhov, A. V. Titov, S. A. Chichkov, I. Choukian, Potapenko, V. I. Gladychev et autres refusent de recevoir les plaignants, les insultent et les trompent. Ils transmettent toutes les requêtes et les plaintes aux personnes qui en font l'objet. Ils donnent des instructions sur les représailles à exercer contre les plaignants, en particulier contre ceux qui continuent de demander avec ténacité l'application des droits constitutionnels.

Ils ne prennent aucune mesure quand les camarades des plaignants internés dans les hôpitaux psychiatriques ou dans les locaux de la milice de Moscou leur téléphonent pour les informer et leur demander de prendre des mesures urgentes, mais ils proposent à leurs interlocuteurs, plutôt que de se soucier des « autres », d'accepter leur « aide » dans l'examen de leurs propres plaintes, ou bien ils refusent de prendre une quelconque mesure.

Nous pouvons citer des dizaines d'exemples d'examen répressif « dans les délais » des plaintes des travailleurs : V. T. Poplavski a été arrêté dans le hall du CC du PCUS le 30 juin 1976, emmené de force au poste 46 de la milice de Moscou et condamné en une heure à quinze jours de *prison.*

Le 12 juillet 1977, les citoyens M. E. Gouriev, de Krasny Soulin, M. L. Melentiev, d'Alma-Ata, N. P. Ivanov, de Roudny, V. I. Koutcherenko, de Makhatchkala, ont été arrêtés dans le hall du CC du PCUS, et emmenés de force au poste 46 de la milice où on les a obligés à signer qu'ils ne reparaîtraient plus dans le hall du CC du PCUS.

Ia. M. Levit, d'Odessa, ancien combattant de la Seconde Guerre mondiale, membre du PCUS, a été arrêté avec sa fille dans le hall du CC du PCUS le 16 avril 1975, jour où l'un des plaignants, acculé au désespoir, s'est suicidé devant les yeux d'une centaine de citoyens de différentes villes du pays. Ce jour-là, des dizaines de citoyens indignés ont été embarqués et expulsés de Moscou.

Le 22 juin 1977, V. I. Koutcherenko, de Makhatchkala, a été arrêtée près de l'immeuble du Marxisme-Léninisme, rue Gorki. On a essayé de la mettre en hôpital psychiatrique. Le psychiatre a refusé de l'hospitaliser. Elle a été emmenée au poste spécial n° 2 de la direction des Affaires intérieures du Comité exécutif de la ville de Moscou. Le chef du poste, le lieutenant de milice P. V. Efimov, l'a retenue en cellule sans motif, et il a donné des instructions pour l'expulser sous escorte à Riazan, alors qu'elle habite à Makhatchkala.

Z. G. Riakhina, d'Orto-Saï, RSS de Kirghizie, et A. D. Ovtchinikova, de Minsk, ont été arrêtées dans une rue de Moscou et enfermées au poste spécial n° 1 de la direction des Affaires intérieures où, sur ordre du chef I. A. Podlesny, elles ont été déshabillées et fouillées de façon humiliante. Z. G. Riakhina a même eu son manteau déchiré. Après quoi, elles ont été expulsées de Moscou.

Le 10 février 1977, dans une rue de Moscou, les collaborateurs du KGB ont arrêté V. A. Klebanov et V. S. Tcheveriov et ils les ont emmenés de force au poste 46 de la milice, d'où V. A. Klebanov, habitant à Makéievka, a été interné à l'hôpital psychiatrique n° 7.

La même chose est arrivée à I. P. Bobrychev, de Sousouman, qui a même été interné en hôpital psychiatrique le jour du 1er mai 1977.

L. I. Isado de Stepny, RSS de Kazakhstan, a été arrêtée au télégraphe central, en juin 1977. Elle a eu une « conversation » avec un psychiatre.

A. S. Sidorova, de Pestovo, mère de quatre enfants, et N. I. Gaïdar, de Kiev, mère de deux enfants, ont été arrêtées au Parquet de l'URSS et directement embarquées pour l'hôpital psychiatrique n° 13.

Les époux Isaïev, de Kouïbychev, qui ont plus de 60 ans, ont été internés dans l'hôpital psychiatrique n° 7, où Isaieva a eu un grave accident cardiaque.

E. M. Soroka, de Lidékhovo, région de Tarnopol, a été internée à trois reprises dans des hôpitaux psychiatriques de Moscou.

Fazylkhanov, de Kazan, et K. G. Toulikov, ancien combattant de la Seconde Guerre, ont été arrêtés dans le hall du Présidium du Soviet suprême de l'URSS, en janvier 1977, et internés dans l'hôpital psychiatrique n° 7.

Le 21 octobre 1977, M. N. Krasovski, de Vobrouïsk, a

été embarqué de force au Parquet de l'URSS vers la section 106 de la milice de Moscou, où il a eu une « conversation » avec un psychiatre. M. N. Krasovski avait déjà été expédié deux fois aux postes 166 et 64 de la milice (en octobre 1977) pour avoir demandé à être reçu à la direction du Parquet de l'URSS.

Sur instructions du Parquet de l'URSS et du CC du PCUS, des mesures répressives sont également prises par les organes locaux, sur le lieu d'habitation des plaignants :

A. S. Foufaieva, du village d'Ogoudnévo, région de Moscou, a été condamnée à dix jours de prison.

Le 21 février 1977, trois personnes commandées par le chef de poste Chatrov ont fait irruption la nuit dans l'appartement de G. T. Iankov, de Moscou. Le 23 mai, ils sortaient ses affaires de l'appartement, et le 27 ils l'expulsaient de Moscou.

Ils ont essayé d'embarquer la nuit chez elle A. Z. Otrokhova, de Vorochilovgrad, et de l'interner en hôpital psychiatrique, juste après qu'elle eut été reçue personnellement par le procureur général de l'URSS, le camarade R. A. Roudenko.

T. I. Kravtchenko, de Nikolaiev, a été internée en hôpital psychiatrique pendant près de trois mois. Elle en a été arrachée à la demande de soixante-seize citoyens qui la connaissaient bien et qui ont écrit à plusieurs reprises au CC du PCUS et à la presse centrale.

Le 22 juin 1977, sur instructions du procureur V. I. Kratchkévitch, du Parquet de l'URSS, la milice a tenté d'envoyer en hôpital psychiatrique E. A. Iaran.

En septembre 1975, cinquante-quatre citoyens de Nikolaiev, du Komsomol et du Parti se sont adressés au procureur général de l'URSS pour lui demander de mettre à l'abri de toute poursuite M. I. Iachtchenko qu'on avait tenté de mettre en hôpital psychiatrique. La plainte est restée sans réponse. Celle-ci a alors été adressée au XXVe Congrès du PCUS (la réponse devait être envoyée à M. M. Matouchévitch : pas de réponse à ce jour).

Le 28 juin 1977, l'agent du Parquet de l'URSS, I. I. Klotchkova, a essayé de convaincre V. N. Izvekova, de Tchernigov, de calomnier les camarades qui avaient adressé avec elle à L. I. Brejnev une plainte collective, datée du 20 mai 1977, dans le but de faire retirer la plainte collective en promettant en échange de « régler » son problème.

Le 12 août 1977, des agents du Parquet de Makéievka sont venus à 7 heures du soir chez V. V. Tchetverikova et V. T. Klebanova pour les menacer.

Le dimanche 16 octobre 1977, à 6 heures du matin, des agents de la milice de Podolsk ont emmené L. Poplavskaïa et V. T. Poplavski à la section de la milice, prétendument pour une question d'emploi : le 3 novembre 1977, l'adjoint du chef de la milice de Klimovsk et le chef de poste Soubbotine ont de nouveau convoqué les époux Poplavski et ils ont menacé V. T. Poplavski de passer en jugement pour « parasitisme ».

Le chef du poste 137 de la milice de Moscou, Pouliaiev, passe son temps à terroriser E. B. Nikolaiev et sa famille. Pouliaiev et d'autres agents du même poste ont fait plusieurs tentatives pour l'arrêter sans mandat du procureur, en particulier le 31 janvier et le 1er février 1976, le 13 et le 29 janvier 1977, et en mai 1977.

Le 4 octobre 1977, E. B. Nikolaiev, qui se trouvait à Pétropavlovsk-Kamtchatski, a été arrêté sans motif en même temps que I. E. Gavrilov, habitant de Pétropavlovsk, et il a été condamné à quinze jours de prison.

Nous avons perdu confiance dans le Parquet de l'URSS en tant qu'organe gardien des conquêtes d'Octobre, capable de défendre les intérêts de l'Etat et des *travailleurs!*

Nous ne pouvons pas non plus faire confiance aux collaborateurs du département des organes administratifs du CC du PCUS qui n'appliquent pas les mesures nécessaires en ce qui concerne les plaintes des travailleurs adressées aux dirigeants du *Parti* et du *gouvernement,* mais qui renvoient ces plaintes aux personnes qui en font l'objet, engendrant ainsi une politique et des actes d'arbitraire.

Le 7 octobre 1977 a été adoptée une nouvelle *Constitution de l'URSS,* qui a solennellement proclamé au monde entier que, conformément à l'article 54, « l'inviolabilité de la personne est garantie aux citoyens de l'URSS. Nul ne peut être arrêté autrement que par décision du tribunal ou sur sanction du procureur ».

Article 57 : « Tous les organes d'Etat, toutes les organisations sociales et les fonctionnaires sont tenus de veiller au respect de la personne, de protéger les droits et libertés des citoyens. »

Nous voulons obtenir l'examen complet et régulier de nos requêtes et plaintes pour licenciements non motivés, et entamer des poursuites pour répression contre les fonctionnaires qui couvrent les dilapidateurs des biens publics et qui essaient d'effrayer les citoyens honnêtes par des mesures de terreur.

Préserver la propriété socialiste et s'opposer aux grossières violations des droits de l'homme est le devoir sacré de tout citoyen soviétique.

NOUS DEMANDONS :

1. La création d'une commission compétente de contrôle de l'activité des employés du département des organes administratifs du CC du PCUS qui, nous en sommes

absolument convaincus, se laissent guider par leurs motivations personnelles et non par les directives du *Parti* et du *gouvernement;*

2. La possibilité d'être reçus à titre personnel, conformément à la *Constitution de l'URSS,* et de rencontrer les dirigeants du *Parti* et du *gouvernement* qui sont protégés de nous par la barrière de la bureaucratie.

1. *Oganessian, Chagen Akopovitch,* 6, perspective Oktiabrian, app. 3, Erivan, RSS d'Arménie.
2. *Klebanov, Vladimir Alexandrovitch,* 67, rue Makarov, app. 12, Makeievka-19, région de Donetsk.
3. *Poplavski, Valentin Tikhonovitch,* 25, rue Simféropolskaïa, app. 114, Klimovsk-3, région de Moscou.
4. *Foufaieva, Anna Sergueievna,* 107, village d'Ogoudnévo, district de Chtchelkovo, région de Moscou.
5. *Gouriev, Mikhaïl Egorovitch,* 47, rue Radenko, Krasny Soulin, région de Rostov.
6. *Manakova, Tamara Mikhaïlovitcha,* 19, rue du Major-Khvastov, Soudak, Crimée.
7. *Ovtchinikova, Alina Dmitrievna,* 18, rue Lénine, app. 6, Minsk.
8. *Ovtchinikova, Diana Dmitrievna,* 18, rue Lénine, app. 6, Minsk.
9. *Ivanov, Nikolaï Pavlovitch,* 2, rue Ivan Franko, app. 73, Roudny, région de Koustanaï, RSS du Kazakhstan.
10. *Melentiev, Mikhaïl Léonidovitch,* 13, microrayon « A », app. 25, Alma-Ata.
11. *Koutcherenko, Varvara Ivanovna,* 36, rue Astemirova, app. 9, Makhatchkala, RSS du Daghestan.
12. *Kachapova, Vénéra Gabdourakhmanovna,* adresse provisoire : poste restante, Moscou, K-9.
13. *Kategorenko, Taïssia Andreievna,* 9, rue Simféropolskaïa, app. 55, Klimovsk-3, région de Moscou.

14. *Izvekova, Valentina Nikititchna*, 100, rue Léon-Tolstoï, app. 29, Tchernigov.
15. *Kozlova, Klavdia Alexandrovna*, 20, rue Prokatnaïa, app. 6, Lipetsk.
16. *Chkorbatov, Iakov Alexandrovitch*, wagon n° 15, cité Béloziorski, Krasnodar.
17. *Iankov, Gavriil Timofeïevitch*, habitait 17, rue Dvoriannoï, app. 4, Moscou-B.
18. *Matioucheva, Natalia Sémionovna*, 23, pensionnat « Bourévestnik », app. 3, Gorki.
19. *Melentieva, Maria Pétrovna*, 13, microrayon « A », app. 25, Alma-Ata.
20. *Dvoretskaïa, Maria Ivanovna*, 8, rue Tsentralnaïa, cité Vaïserka, Alma-Ata.
21. *Travkina, Véra Logvinovna*, 100, perspective Sorokaletia Oktiabria, app. 83, Kiev.
22. *Gaïdar, Nadejda Ivanovna*, 20, boulevard Pérov, app. 115, Kiev.
23. *Klebanova, Zinaïda Trofimovna*, 67, rue Makarov, app. 12, Makéievka-19, région de Donetsk.
24. *Kravtchenko, Tatiana Ivanovna*, 19, rue Krasnoarmeïskaïa, Nikolaiev.
25. *Tchetverikova, Valentina Vasilievna*, 15, rue Stroïteleï, app. 29, Makeievka, région de Donetsk.
26. *Faïzine, Rif Amirovitch*, 9, rue Sportivny, app. 4, Kalinine.
27. *Kourakina, Nadejda Vasilievna*, 10, rue Medveditskaïa, app. 58, Volgograd.
28. *Bakhereva, Nina Andreievna*, 41, rue Machinostroitelnaïa-39, app. 40, Sverdlovsk.
29. *Nikolaiev, Evgueni Borisovitch*, 5, rue Boulatnikovskaïa, app. 327, Moscou 113 403.
30. *Zaotchnaïa, Tatiana Karpova*, 5, rue Boulatnikovskaïa, app. 327, Moscou 113 403.

31. *Ignatieva, Galina Mikhaïlovna*, 1, rue Samarkandskaïa, Fergana, RSS d'Ouzbekistan.
32. *Bartchougov, Alexandrovitch Pétrovitch*, 30, perspective Zavodskoï, app. 17, Kolpino, Léningrad.
33. *Mikhaïlova, Alexandra Grigorievna*, 83, perspective Lénine, app. 4, Novgorod.

7 novembre 1977.

Déclaration (21 décembre 1977)

Au membre du BP du PCUS,
président du KGB près le Conseil
des ministres de l'URSS,
le camarade V. I. Andropov

COPIE : au ministre de la Santé

DÉCLARATION

Nous nous sommes collectivement adressés à vous le 7 novembre 1977, pour vous demander votre aide et votre concours dans la solution de nos problèmes de travail en discussion et l'arrêt des mesures répressives dont nous sommes victimes de la part du Parquet de l'URSS et des organes des Affaires intérieures.

Et pourtant, le 19 décembre 1977, l'agent du KGB du district de Donetsk, V. S. Pajomov, et le capitaine du 108ᵉ poste de police de Moscou Kotchetkov ont arrêté Vladimir Alexandrovitch Klebanov à l'entrée du télégraphe central rue Gorki. Cette action est contraire à la nouvelle Constitution de l'URSS.

Du poste 108, Klebanov V. A. a été conduit à l'hôpital psychiatrique n° 5, ce qui constitue une infraction grossière aux instructions concernant l'hospitalisation immédiate n° 06-14-45-42.

Cette instruction ne prévoit pas l'hospitalisation forcée de gens psychiquement sains. Klebanov possède des documents confirmant sa santé mentale.

L'instruction prévoit la possibilité d'une hospitalisation suivant une liste strictement limitée de témoignages médicaux, dans le cas où le malade est dangereux pour lui-même ou ceux qui l'entourent.

La conduite de Klebanov V. A. ne présente aucun caractère socialement dangereux et ne répond pas aux critères médicaux définis dans l'instruction susmentionnée.

Conformément aux instructions, l'hôpital est tenu, dans un délai de 24 heures, de faire savoir aux parents où se trouve le patient hospitalisé d'urgence. Pourtant, l'hôpital psychiatrique n° 7 où était Klebanov a refusé de le dire à sa femme.

Conformément à cette instruction, le médecin principal de l'établissement de soins est tenu de veiller à l'application de l'instruction sur l'hospitalisation d'urgence. Au contraire, le médecin-chef de l'hôpital psychiatrique n° 7 a lui-même enfreint cette instruction.

En conséquence nous EXIGEONS :

1. la libération de Vladimir Alexandrovitch Klebanov hospitalisé illégalement et sans motif à l'hôpital psychiatrique n° 7 ;

2. que l'on exige du personnel médical de l'hôpital psychiatrique n° 7 et de son médecin principal, M. S. Roubachov, qu'ils observent strictement l'instruction concernant l'hospitalisation forcée du ministère de la Santé n° 06-14-43 ;

3. que vous examiniez la plainte collective, revêtue de quarante-trois signatures qui vous a été transmise le 7 novembre 1917 et contribuiez à résoudre les problèmes exposés dans cette plainte collective.

21 décembre 1977.

1. Oganessian J. A.
2. Tchetverikova V. V.
3. Reznitchenko P. F.
4. Pozniakov A. P.
5. Popıavski V. T.
6. Pelekh V. A.
7. Faïzine R. A.
8. Travkina V. L.

9. Nikolaiev E. B.
10. Melentiev M. L.
11. Gouriev M. E.
12. Kachapova V. G.
13. Kozlova K. A.
14. Tsvyrko G. A.
15. Loutchkov V. F.
16. Melentieva M. P.

Déclaration (12 janvier 1978)

Au membre du BP du PCUS,
président du KGB près le conseil
des ministres de l'URSS,
le camarade V. I. Andropov

COPIES : 1. Au ministre de la Santé
de l'URSS; 2. Au médecin-chef de
l'hôpital psychiatrique n° 3 de Moscou

DÉCLARATION

Nous vous avons collectivement demandé votre assistance, le 7 novembre 1977, pour nous aider à régler des questions de travail en litige et pour que cesse à notre égard l'utilisation de méthodes répressives de la part du Parquet de l'URSS ainsi que des organes du ministère des Affaires intérieures.

Nous nous sommes adressés à vous le 21 décembre 1977 à propos de l'internement illégal et médicalement non fondé de Vladimir Alexandrovitch Klebanov dans l'hôpital psychiatrique n° 7. Grâce à nous, à l'heure actuelle, V. A. Klebanov a été libéré. Maintenant, nous nous adressons à nouveau à vous parce qu'on a hospitalisé un autre camarade du collectif, Gavriil Timofeievitch Iankov, toujours illégalement et arbitrairement maintenu dans l'hôpital psychiatrique n° 3. Son internement à l'hôpital psychiatrique n° 3 (Matrosskaïa Tichina) intervient en violation grossière des instructions du ministère de la Santé de l'URSS, notamment de l'instruction n° 06-14-43 sur l'hospitalisation d'urgence. Cette instruction n'envisage pas l'hospitalisation psychiatrique forcée d'individus en bonne santé.

L'instruction envisage la possibilité d'une hospitalisation d'urgence conformément à une liste strictement limitée d'observations cliniques, lorsque le malade peut être dangereux pour lui-même ou pour les autres.

La conduite de G. I. Iankov n'est pas de caractère socialement dangereux et, d'un point de vue médical, elle ne tombe pas sous le coup de l'instruction citée ci-dessus sur l'hospitalisation d'urgence.

En fonction de tout cela nous exigeons :

1. la libération de G. I. Iankov interné illégalement et arbitrairement à l'hôpital psychiatrique n° 3 ;

2. que les médecins de l'hôpital psychiatrique n° 3 et leur médecin-chef étudient rigoureusement l'instruction n° 06-14-43 du ministère de la Santé de l'URSS sur les hospitalisations d'urgence ;

3. que l'on étudie la plainte collective signée de quarante-trois personnes. Cette plainte soulève de nombreuses questions et y apporte des solutions. Nous exigeons des réponses concrètes aux mesures proposées.

12 janvier 1978.

1. Gouriev M. E.
2. Reznitchenko P. F.
3. Kachapova V. G.
4. Baroutchgov A. P.
5. Koutcherenko V. I.
6. Tsvyrko G. A.
7. Djafarov Ch. M.
8. Poplavski V. T.
9. Kategorenko V. A.
10. Tchetverikova V. V.

11. Ivanov N. P.
12. Klebanov V. A.
13. Travkina V. L.
14. Oganessian Ch. A.
15. Faïzine R. A.
16. Krioutchkov N. N.

17. Manokova T. M.
18. Ovtchinikova A. D.
19. Malentico M. L.
20. Nikolaiev E. B.
21. Kravtchenko T. I.

Instruction

Bulletin de la législation
Parquet de l'URSS et Soviet suprême de l'URSS
octobre 1972, p. 85

Instruction du ministère de la Santé de l'URSS
26 juin 1971
06-14-43

> En accord avec le Parquet de l'URSS
> et le ministère des Affaires intérieures

La nécessité de prévenir des actes dangereux de malades mentaux exige dans toute une série de cas leur séjour en établissement psychiatrique pour y prendre des mesures préventives spéciales, qui sont du ressort des organes de la santé en vertu de l'article 56 des Fondements de la législation sur la santé publique de l'URSS et des Républiques fédérées.

Conformément à ceci :

1. En cas de danger évident pour le malade ou son entourage, les organes de santé ont le droit, sans l'accord des parents du malade, de ses tuteurs ou de ceux qui l'entourent, de l'interner en hôpital psychiatrique (à titre d'assistance psychiatrique d'urgence).

2. Les motifs d'hospitalisation d'urgence sont : le danger public représenté par le malade, fondé sur les particularités suivantes de son état maladif :

a. conduite incorrecte liée à son état mental (excitation psychomotrice avec tendance à des actes agressifs, hallucinations, délire, syndrome d'automatisme psychique, syndrome de perte de conscience, impulsivité pathologique, épuisement grave);

b. syndromes de délire systématiques, s'ils déterminent une conduite socialement dangereuse du malade;

c. état de délire hypocondriaque, ayant pour effet une attitude incorrecte, agressive à l'égard des individus, organisations, administrations;

d. état dépressif, s'il s'accompagne de tendances suicidaires;

e. état maniaque et hypermaniaque, entraînant la violation de l'ordre public ou des manifestations agressives vis-à-vis de son entourage;

f. état psychique aigu chez des individus psychopathes, débiles ou des malades souffrant de trace de lésion du cerveau, accompagné d'actes d'excitation, agressifs ou autres, dangereux pour eux-mêmes ou pour leur entourage.

L'énumération des états maladifs susdits, recélant un indubitable danger pour le malade et la société, peuvent s'accompagner d'une conduite extérieurement correcte et de dissimulation.

C'est pourquoi une extrême prudence est nécessaire dans l'appréciation de l'état mental de ces individus pour, sans enfreindre les indications sur l'hospitalisation d'urgence, prévenir, par un internement fait à temps, la possibilité d'accomplir des actions dangereuses pour la société par le malade mental.

3. Ne constitue pas un motif d'hospitalisation d'urgence en hôpital psychiatrique un état de simple ivresse dû à l'alcool, fût-il grave, de même que l'état d'intoxication dû à la drogue, à l'exception de psychoses et variantes psychotiques d'états (?).

Ne peuvent constituer un motif d'hospitalisation d'urgence les réactions pratiques et les normes antisociales de conduite d'individus qui ne souffrent pas de maladies mentales et manifestent seulement des anomalies comme des traits psychopathiques du caractère, des réactions névrotiques, des suites peu violentes de traumatisme crânien, etc.

Dans le cas où la conduite socialement dangereuse de l'individu suscite des doutes quant à sa santé mentale, mais où il n'est pas évident qu'il soit malade, il n'est pas susceptible d'être hospitalisé d'urgence. De tels individus, arrêtés pour leur conduite socialement dangereuse par les organes responsables de l'ordre public, sont soumis à une expertise médicale suivant la législation pénale.

4. L'hospitalisation forcée est effectuée par des travailleurs médicaux, sur ordre de médecins psychiatres à qui les organes de santé confient les fonctions d'internement en hôpital psychiatrique (médecins des urgences, des dispensaires psycho-neurologiques, etc.).

Dans les districts où n'existent pas d'établissements psychiatriques, l'hospitalisation d'urgence peut être effectuée par les médecins généralistes qui soignent habituellement les malades mentaux. Mais le malade doit être immédiatement dirigé vers l'hôpital psychiatrique le plus proche.

En cas d'hospitalisation d'urgence, le médecin qui en a pris la décision est tenu d'exposer en détail sur quoi se fondent les indications médicales et sociales de cette hospitalisation et d'indiquer en conclusion son lieu de travail, ses fonctions, son nom et l'heure d'hospitalisation.

5. Les organes de sécurité (police) sont tenus d'apporter leur concours au personnel médical, lorsque celui-ci s'adresse à eux pour l'hospitalisation d'urgence de malades représentant un danger social dans les cas suivants :

a. s'il est possible qu'ils opposent une résistance, des manifestations d'agressivité ou autres actes mettant en danger la vie et la santé du personnel médical, où qu'ils tentent de s'échapper ;

b. en cas de résistance des parents, tuteurs ou autres à l'hospitalisation du malade.

6. Dans l'établissement psychiatrique le malade hospitalisé doit être examiné dans les 24 heures par une commission spéciale de trois médecins psychiatres, qui examine le bien-fondé de l'hospitalisation et décide de la nécessité d'un internement et dont les conclusions sont portées dans le dossier du malade avec la signature des trois membres de la commission. Si l'un des médecins est en désaccord, il peut écrire son avis personnel.

Les parents les plus proches du malade sont informés de l'hospitalisation dans un délai qui ne saurait excéder 24 heures après l'examen de la commission.

7. Les malades hospitalisés dans des établissements psychiatriques sont placés dans un service correspondant à leur état mental pour être soignés activement et sont à nouveau obligatoirement réexaminés (au moins une fois par mois) par une commission composée de trois médecins psychiatres pour décider de la prolongation de leur internement, ce qui est également obligatoirement consigné.

En cas d'amélioration de l'état psychique du malade ou d'une évolution du tableau clinique de la maladie telle que le malade ne constitue plus un danger social, la commission médicale rédige une conclusion sur la possibilité de laisser sortir le malade. La sortie d'un tel malade est à la charge des parents ou tuteurs dont l'accord préalable est nécessaire.

8. Si le malade d'un point de vue médical peut sortir de l'hôpital mais se trouve dans un état où il ne peut être livré à lui-même et n'a pas de résidence fixe ni de proches susceptibles de s'en occuper, il ne peut sortir avant l'établissement d'une tutelle.

9. L'exeat du malade doit être communiqué à temps par l'hôpital psychiatrique au dispensaire psychoneurologique où de tels malades doivent se présenter régulièrement pour, le cas échéant, y recevoir des soins.

10. Les médecins chefs des établissements psychiatriques doivent contrôler systématiquement l'application des dispositions de la présente instruction.

11. L'instruction du 10 octobre 1961, n° 04-14/32 est annulée.

Déclaration (27 janvier 1978)

Au membre du BP du PCUS
président du KGB, près le Conseil
des ministres de l'URSS,
le camarade V. I. Andropov

COPIE : au ministre de l'Intérieur,
le camarade N. A. Cholokov

DÉCLARATION

Le 21 janvier 1978, à 19 h 30, Piotr Fiodorovitch Reznitchenko est arrêté arbitrairement à la gare de Kiev. P. F. Reznitchenko habite la région d'Odessa; avec nous il a recherché la solution de ses problèmes, concernant le refus arbitraire d'un emploi dont il fut l'objet en qualité d'ajusteur dans un élevage industriel de volailles.

On a gardé Reznitchenko 24 heures dans une cellule de la gare de Kiev; le 22 janvier 1978, il fut conduit à une section spéciale du Comité exécutif de Moscou où il ne fut pas reçu.

Le 23 janvier 1978, Reznitchenko fut de nouveau conduit à une section spéciale du Comité exécutif de Moscou et gardé dans la cellule n° 7. On a essayé de l'accuser d'esprit de chicane et de violation du régime des passeports du 1er janvier 1977.

A l'égard du camarade P. F. Reznitchenko, on a violé l'article 54 de la Constitution de l'URSS : « L'inviolabilité de l'individu est garantie au citoyen de l'URSS. Nul ne peut être arrêté autrement que par décision judiciaire ou sur sanction du procureur. »

Les policiers n'avaient pas ces autorisations.

En outre, nous avons appris que toutes les sections de la police de Moscou avaient, le 20 janvier 1978, obtenu la liste des 43 signataires de la plainte collective concernant les licenciements arbitraires et qui fut envoyée au camarade Iouri V. Andropov, au CC du PCUS, au Présidium du Soviet suprême de l'URSS et à la rédaction des journaux centraux. Ceux-ci, au lieu d'examiner objectivement nos plaintes dans les délais établis par la loi, nous poursuivent et nous obligent ainsi à errer dans les gares, faute de moyens d'existence.

Le 27 janvier 1978, le capitaine V. S. Pakhomov, collaborateur du KGB de Donetsk, avec l'aide de la police de Moscou, tente pour la troisième fois, et sans aucun motif, d'arrêter V. A. Klebanov, V. V. Etverikov et V. F. Loutchkov qui marchaient rue Gorki à Moscou; ils habitent Makeievka et Donetsk; ils sont membres du « Collectif des plaignants » depuis le 7 janvier 1977 et ils attendent aussi des réponses objectives.

Le 13 janvier 1978 un des membres de notre groupe, domicilié à Minsk, Guenaïdi Alexandrovitch Tsvyrko fut arrêté par les collaborateurs du service 108 de la police de Moscou, et après quelques jours de prison dans la section spéciale n° 1, il fut expulsé par la force de Moscou.

Tsvyrko fut également accusé de violation du régime des passeports [1], bien qu'en réalité il ait passé quelques jours dans un hôtel avant son arrestation illégale. On l'a gardé,

---

1. Il s'agit évidemment des passeports *intérieurs* soviétiques. (*N.d.T.*)

sans sanction du procureur, en prison jusqu'à ce qu'il signe un papier attestant qu'il quittait « volontairement » Moscou et qu'il renonçait à son droit de plainte.

Le 1er janvier 1978, à la gare de Koursk, les collaborateurs de la police ont arrêté Gavriil Timofeievitch Iankov, domicilié à Moscou, à qui on a, sans son accord, retiré son passeport. Son passeport lui a été volé par le commissaire de quartier Chatrov le 23 mai 1977.

Le 2 janvier 1978, sur ordre de la police, le psychiatre a interné le citoyen G. T. Iankov, sain d'esprit, dans l'hôpital psychiatrique n° 3 de Moscou, pour justifier l'incarcération illégale d'un mois de G. T. Iankov dans une section spéciale, sans sanction du procureur. On a aussi essayé de l'accuser de violation du régime des passeports.

G. T. Iankov vient seulement d'être libéré par notre action le 16 janvier 1978. Iankov est sain d'esprit, seulement les psychiatres de l'hôpital psychiatrique n° 3 l'ont retenu contrairement à l'instruction du ministère de la Santé du 26 juin 1971, instruction n° 06-14-43, en essayant de le persuader de consentir à se reconnaître malade, lui promettant en échange un permis de séjour à Moscou. Il faut ajouter que tout cela ne s'est pas fait à l'insu de la police.

De telles mesures répressives à notre égard, en ce moment historique où l'on vient d'adopter la nouvelle Constitution de l'URSS, nous obligent à considérer que la Constitution ne convient pas à tout le monde.

Nous exigeons l'arrêt des répressions arbitraires contre des citoyens qui exercent leur droit de porter plainte, nous exigeons la poursuite des coupables.

Nous livrons la présente déclaration à l'opinion mondiale.

27 janvier 1978

1. Klebanov V. A.
2. Poplavski V. T.
3. Tchetverikova V. V.
4. Loutchkov V. F.
5. Iankov G. T.
6. Koutcherenko V. I.
7. Tsvyrko G. A.
8. Travkina V. L.
9. Gouriev M. E.
10. Melentiev M. L.
11. Manakova T. M.
12. Ovtchinikova A. D.
13. Kozlova K. A.
14. Kachanova V. G.
15. Ovtchinikova D. D.
16. Ivanov N. N.
17. Nikolaiev E. B.
18. Pozniakov A. N.
19. Valedo L. A.
20. Gaïdar N. I.
21. Baroutchgov

Et ainsi de suite. Nous sommes plus de 200.

Lettre ouverte

Aux organisations suivantes : Académie des sciences de l'URSS, Union des écrivains de l'URSS et de la RSFSR, Union des journalistes de l'URSS.

Aux organisations du Parti et des Soviets : CC du PCUS, Présidium du Soviet suprême de l'URSS, Conseil des ministres de l'URSS, ministère des Affaires étrangères de l'URSS, Conseil central des syndicats, KGB-MVD.

A la presse centrale : *Pravda, Troud, Izvestia, Literatournaia Gazeta.*

Aux revues *Kommunist, Ogoniok, Partiinaia Jizn', Socialistitcheskaïa Zakonnost.*

Nous nous sommes adressés à vous le 7 novembre 1977 pour que vous nous aidiez. Nous sommes des travailleurs venant de plusieurs villes du pays, et qui avons été licenciés sans motif. Depuis un certain nombre d'années, nous frappons à toutes les portes des bureaux des plaintes; au ministère public de l'URSS, au Présidium du Soviet suprême, au Conseil des ministres, au Comité central du PCUS. Au lieu d'examiner objectivement nos déclarations et nos plaintes, on ne nous donne que des réponses évasives, on transmet nos plaintes aux personnes mêmes qui en sont l'objet... La répression s'abat sur nous et nos compagnons d'infortune; la milice nous expulse de Moscou ou nous interne dans les hôpitaux psychiatriques de la capitale, nous qui sommes sains d'esprit.

Dans notre plainte du 7 novembre dernier, que nous avions adressée aux journaux et aux revues ci-dessus, nous mentionnions des dizaines de faits, avec les dates, les lieux précis, les noms et les prénoms. Suffisamment de temps s'est écoulé et personne n'a réagi.

Nous avons alors porté ces faits d'arbitraire et de violence à la connaissance du monde entier.

C'est seulement à ce moment-là que la rédaction du journal *Izvestia* et le KGB nous convoquèrent en nous promettant de l'aide.

Ce n'était que tromperie !

Les membres de cette rédaction n'avaient qu'un seul but en nous recevant un par un et avec force promesses, c'était de nous faire déclarer qui était l'organisateur et d'essayer de nous diviser, de semer la zizanie entre nous.

Pour le KGB, c'était de nous faire indiquer notre domicile, de nous expulser de Moscou et de nous interner dans les hôpitaux psychiatriques. Nous portons de nouveau à la connaissance du monde cette lettre ouverte enrichie de faits nouveaux de répression dénuée de fondements, pour avoir voulu exercer notre droit de plainte, pour avoir défendu la justice.

Dans notre cas, ont été violés les articles 49, 51, 52, 53, 54, 55, 56, 57, 58, 59, 60 et 61 de la nouvelle Constitution de l'URSS.

Nous vous informons de nouveaux faits d'arbitraire et de violence, subis par d'honnêtes citoyens soviétiques :

1. *Kozlova, Elena Petrovna,* enregistrée dans la ville de Voronej 277, rue Bolchaïa Sovietskaïa — en fait, sans domicile —, ingénieur.

Le 26 mai 1977, se trouvant dans une situation sans issue, elle fut contrainte de faire appel à la justice pour se faire réintégrer dans son travail et faire respecter ses droits. Elle profita d'une visite au Mausolée de Lénine pour déposer sa plainte sur le corps de Lénine. Elle fut arrêtée et placée par les agents du KGB et de la 80e section dans l'hôpital psychiatrique n° 3 « Matrosskaïa Tichina » où elle fut gardée dans la 6e division des aliénés dangereux. Libérée le 26 juin 1977, psychiquement saine. Il est question maintenant de la déchoir de la nationalité soviétique.

2. La même chose s'est produite pour un habitant de Léningrad mais pour lui deux fois, en novembre 1976 et le 15 janvier 1977. *Anatolii Fiodorovitch* est né en 1924. Il n'était enregistré [1] nulle part car il sortait de prison. Au lieu de résoudre la question de sa réinsertion et de son enregistrement, on l'a interné deux fois dans un hôpital psychiatrique. Psychiquement sain.

3. *Makarov, Mikhaïl Vassilievitch,* 48, rue Baïkalskaïa, bât. 3, app. 210, Moscou, ingénieur, licencié sans motif, chômeur depuis cinq ans.

Le 19 juin 1977, on lui promettait de l'inscrire pour être reçu par le premier vice-procureur de l'URSS; il fut expédié à la 18e section de la milice puis dans un hôpital psychiatrique où il fut retenu plusieurs jours.

Le 14 novembre 1977, il fut arrêté dans le bureau des plaintes du CC du PCUS, emmené à la 46e section de la milice. Là, un médecin psychiatre convoqué refusa de l'hospitaliser. Son cas n'est pas réglé.

1. « L'enregistrement » sur les registres de l'état civil est nécessaire à tout citoyen soviétique pour résider ou séjourner dans une ville.

4. *Nikitenko, Vassilii Nikolaievitch*, 49, rue Karl-Marx, app. 68, Klin, région de Moscou, chirurgien.

En 1971, dans une situation sans issue, il décide de pénétrer dans l'ambassade des USA avec sa femme et ses deux tout petits enfants. Cela lui valut d'être enfermé par les agents du KGB à l'institut Serbsky où on le garda environ sept mois, puis un tribunal le déclara socialement dangereux et il fut envoyé en « traitement » obligatoire dans un hôpital psychiatrique spécial du MVD à Kazan. Il y resta jusqu'en 1975 et est à l'heure actuelle toujours au chômage et en butte aux tracasseries.

Sa femme, médecin psychologue, fut internée à l'hôpital psychiatrique n° 1 de Kachtchenko et leurs deux enfants dans une maison d'enfants — par mesure de solidarité.

5. *Nikitin, Vassilii*, ingénieur des mines. Parce qu'il avait dénoncé des abus dans une mine du Donbass, il fut interné à l'hôpital psychiatrique spécial du MVD de Dniepropetrovsk. En mars 1977, il essaya de passer à l'ambassade des USA pour dénoncer l'injustice dont il était victime; il fut arrêté et enfermé à l'hôpital psychiatrique n° 7, puis transféré à l'hôpital psychiatrique n° 1 de Donetsk où il est toujours gardé sans motif.

6. *Kortchaguine, Victor Ivanovitch*, chef d'équipe-serrurier-ajusteur-ingénieur. Six mois après s'être rendu au bureau des plaintes du CC du PCUS, il déclara publiquement qu'il quittait le parti communiste en signe de protestation. Il fut arrêté en pleine rue à Moscou, interné dans l'hôpital psychiatrique n° 7. Il se trouve toujours à l'heure actuelle à l'hôpital psychiatrique de la ville de Kemerov. Son adresse : 27, rue Iouria-Smirnova, app. 27, Kemerov-2.

Etait psychiquement sain.

7. *Chtcherbakov, Valentin Vassilievitch,* ouvrier dans une fonderie de cuivre à Karatach, demeurant 23, rue Dekabristov, app. 7, Karatach, région de Tcheliabinsk.

Le 17 janvier 1976, il fut arrêté par la 46ᵉ section de la milice après s'être rendu au bureau des plaintes du CC du PCUS. Il fut enfermé à l'hôpital psychiatrique nº 1 Kachtchenko, puis transféré à l'hôpital psychiatrique nº 8 de la ville de Tcheliabinsk, où il resta jusqu'en septembre 1976.

Le 14 avril 1977, il fut arrêté une seconde fois par la milice, dans une gare, emmené à l'hôpital psychiatrique nº 13, puis transféré à l'hôpital psychiatrique nº 2 de Tcheliabinsk.

Dans les premiers jours de janvier 1978, Valentin V. Chtcherbakov a disparu, il est fort probable qu'il est de nouveau interné.

8. Des internements massifs se sont produits dans la ville de Nikolaiev.

Ont été internés les citoyens suivants :
1. *Nosmpiova, Anastasia Melodievna,*
2. *Kharinkova, Maria Mikhaïlovna,*
3. *Bondaretz, Nadiejde Eremieievna,*
4. *Iachtchenko, Maria Ivanovna,*
5. *Kravinienko, Tatiana Ivanovna,* ingénieur, économiste.

Le 26 décembre 1977, parce qu'elle avait écrit le 7 novembre 1977 une lettre ouverte, les agents de la milice essayèrent de l'arrêter chez elle.

De nombreuses plaintes ont été enregistrées au sujet du médecin psychiatre Maria Nikolaievna Nikoulina ; le journal de la région s'est fait l'écho de ses méfaits mais le procureur de la ville de Nikolaiev l'a blanchie en raison de son « ancienneté ».

9. *Klebanov, Vladimir Alexandrovitch*, 67, rue Makarov, région de Donetsk, employé.

Le 10 février 1977, il fut arrêté injustement par les agents, accusé de « préjudice » causé au métropolitain, il fut enfermé dans l'hôpital psychiatrique n° 7 et dans celui de Donetsk pendant environ deux mois. 2 100 roubles disparurent lors de la perquisition effectuée sans mandat du procureur. L'enquête fut interrompue sur ordre du Ministère public et les tribunaux populaires du district de Kirov et de la ville de Moscou se déclarèrent incompétents pour juger cette affaire. La Cour suprême de la RSFSR donne des réponses évasives, passant outre à l'article 58 de la Constitution, la Cour suprême de l'URSS renvoie l'affaire au Tribunal de la RSFSR.

Le 19 décembre 1977, V. A. Klebanov, V. V. Tchetverikova et V. F. Loutchkov furent arrêtés par les agents du KGB de Donetsk et la 108e section de la milice en dépit des protestations de plus de 40 camarades et d'une foule de Moscovites mécontents (tout cela se passait à l'entrée de la poste centrale de la rue Gorki à Moscou); ils furent emmenés à la section 108 de la milice où ils durent subir les insultes du chef de la milice, le colonel Zoubkov.

Klebanov fut emmené à l'hôpital psychiatrique n° 1 le 22 décembre 1977. Les agents du KGB de Donetsk le conduisirent à l'hôpital psychiatrique de Donetsk où on lui établit, pour justifier les actes arbitraires du KGB, le diagnostic : « développement d'une personnalité paranoïaque » — combattant « pour la justice ».

On exigea de V. V. Tchetverikova et de V. F. Loutchkov qu'ils quittent Moscou dans les 48 heures.

Le 27 janvier 1978, on essaya une deuxième fois d'arrêter Klebanov, Tchetverikova et Loutchkov à l'entrée de la poste centrale mais cette tentative échoua.

10. *Iankov, Gavriil Timofeievitch,* fut expulsé de Moscou

le 27 mai 1977. L'officier de la milice du quartier lui
déroba son passeport et le jeta à la rue.

En décembre 1977, il fut arrêté dans une gare et retenu
un mois dans les locaux spéciaux du Comité exécutif de
Moscou. La milice n'ayant pas réussi à le faire disparaître
en prison, le 2 janvier 1978, on le ligota sur ordre du
médecin psychiatre de garde, on le jeta dans une cellule,
espérant provoquer chez lui une psychose, puis il fut placé
dans l'hôpital n° 3 « Matrosskaïa Tichina » où il fut gardé
jusqu'au 16 janvier 1978, « soigné pour un rhume » comme
l'ont expliqué les médecins psychiatres. En réalité, on le
« persuadait » de devenir « aliéné »; pour cela on l'enregis-
tra de nouveau à Moscou. Libéré seulement grâce à nos
demandes.

11. *Kozlova, Klavdia Alexandrovna,* ouvrière dans une
usine métallurgique, 20, rue Prokatnaia, app. 14, Linetzk.

Le 26 décembre 1977, en pleine nuit, les agents de la
milice se précipitèrent dans son appartement, voulurent
l'emmener dans un hôpital psychiatrique; ce sont ses
parents et des voisins qui la sauvèrent de l'arbitraire.

12. *Poplavski, Valentin Tikhonovitch,* employé, 25, rue
Simféropolskaïa, app. 114 à Klimovk, région de Moscou.

Le 5 janvier 1978, firent irruption dans l'appartement de
Poplavski à 6 heures du matin : un détachement de
miliciens, le commandant de la section de Klimovk
N. A. Agapov, le commandant adjoint A. A. Vorontzov,
les officiers de quartier Bilietov, Ciomik, Dostoïevski et
une poignée de miliciens. Ils l'entraînèrent de force à la
section de la milice puis au dispensaire psychoneurologique n° 17 de la ville de Podolsk. Le médecin psychiatre
Iatsinienko le reconnut psychiquement sain et repoussa les
demandes insistantes d'hospitalisation des gardiens de
l'ordre.

13. *Tsvyrko, Guenaïdi Alexandrovitch,* 16, passage Tzvozno, bât. A, app. 1, Minsk.

Le 13 janvier 1978, alors qu'on lui promettait de l'inscrire pour être reçu par le premier vice-procureur général Pekounkov, sur ordre du responsable du bureau des plaintes du Ministère public, Tsvyrko fut emmené de force à la section 108 de la milice, où on le garda, exigeant de lui l'engagement de ne plus venir à Moscou se plaindre. On l'accusa de ne pas respecter le régime des passeports alors que le jour de son arrestation il séjournait à l'hôtel. Il fut renvoyé à Minsk.

Le 5 octobre 1977, sur ordre des agents du Ministère public, il fut interné dans la section des aliénés dangereux de l'hôpital psychiatrique n° 1 « Kachtchenko » où on le garda dix jours.

14. *Kategorenko, Taïssia Andrieieva,* 9, rue Simféropols-kaïa, app. 55, Klimovsk, région de Moscou, ouvrière-peintre.

Le 16 janvier 1978, les agents de la milice, avec à leur tête N. A. Agapov, firent irruption la nuit dans son appartement. Son fils Guenaïdi aidé de voisins les mirent dehors. Agapov s'en alla en lançant des menaces : « Nous te mettrons en prison. »

15. *Gouriev, Mikhaïl Egorovitch,* 41, rue Chadenko, Krasny Souline, région de Rostov, contremaître.

En janvier 1978, un soir, des agents de la milice firent irruption chez lui alors qu'il se trouvait à Moscou, pour perquisitionner. Ils exposèrent à ses enfants effrayés et à sa femme qu'ils devaient, vu sa conduite, demander son internement en hôpital psychiatrique, puis s'en allèrent en proférant des menaces.

16. *Reznitchenko, Piotr Fiedorovitch* (domicilié dans la région d'Odessa). Le 21 janvier 1978, il fut arrêté sans motif à la gare de Kiev alors qu'il essayait avec nous de résoudre ses problèmes, en particulier le refus injustifié d'une usine de l'engager comme ajusteur. Reznitchenko fut gardé 24 heures dans une cellule à la gare de Kiev. Le 22 janvier 1978, il fut convoqué dans un bureau spécial mais ne fut jamais reçu. Depuis le 23 janvier 1978, Reznitchenko est gardé dans les locaux du Comité exécutif de Moscou dans la cellule n° 7, sans mandat du procureur. On essaie de l'accuser d'esprit chicaneur et de non-respect du régime des passeports.

En plus de tout ce que nous venons de dire, nous venons d'apprendre que toutes les sections de la milice de Moscou sont en possession de la liste de tous les plaignants ayant signé la lettre du 7 novembre 1977.

Nous avons décidé de nous organiser en syndicat libre de travailleurs pour défendre nos droits contre l'illégalité et l'arbitraire.

Adresse à l'opinion publique mondiale (28 janvier 1978)

Le 27 janvier 1978, nous avons appris que le 20 janvier 1978 avait été diffusée, dans tous les postes de police de Moscou, la liste des noms des signataires de la *Déclaration* à l'opinion publique mondiale, aux organisations de masse et du Parti, aux organes des Soviets et aux organes centraux de presse.

Le 21 janvier 1978 à 19 h 30 a été arrêté dans la rue, *Piotr Reznitchenko,* qui est détenu dans un centre spécial du Comité exécutif de la ville de Moscou, dans la cellule n° 7, sans sanction du procureur, car on n'a pas réussi à l'interner dans un hôpital psychiatrique dépendant de la police.

La police cherche à l'incriminer de plaintes injustifiées auprès des tribunaux et d'infraction au régime des passeports depuis le 1er janvier 1977, c'est-à-dire depuis le moment où il a perdu son travail. Piotr Reznitchenko est un habitant de la région d'Odessa.

Le 27 janvier 1978, rue Gorki, on a tenté d'arrêter *Vladimir Klebanov* et *Valentine Tchetverikova* de Makeievka (Donetsk). A 13 heures, le capitaine du KGB Pakhomov, de la direction du KGB du Donetsk, et des policiers de Moscou ont voulu les mener au poste le plus proche, sans sanction du procureur, sans l'ombre d'une explication.

Mais leurs camarades de lutte, aidés par les passants, les

ont protégés contre l'arbitraire de ces gardiens de l'ordre sans vergogne.

L'action de ces membres du KGB et de la police constitue une infraction grave aux articles 50, 54, 56, 57, 58 et 59 de la nouvelle Constitution de l'URSS.

Prière de rendre ces faits publics.

Les membres du comité du syndicat libre des chômeurs soviétiques :

1. Klebanov V. A.
2. Poplavski V. T.
3. Oganessian Ch. A.
4. Loutchkov V. F.
5. Ivanov N. P.
6. Koutcherenko V. I.
7. Pozniakov A. N.
8. Kachapova V. G.
9. Nikolaiev V. V.
10. Zaotchnaïa T. P.
11. Tchetverikova V. V.
12. Faïzine R. A.
13. Kozlova K. A.
14. Ovtchinikova D. D.
15. Manakova T. M.
16. Ovtchinikova A. D.
17. Melentiev M. L.
18. Gouriev M. E.
19. Travkina V. L.
20. Foufaieva A. S.

28 janvier 1978
Copie certifiée exacte
La secrétaire V. V. Tchetverikova

Membres du Syndicat libre des travailleurs en Union soviétique (30 janvier 1978)

1. Oganessian, Chagen Akopovitch
2. Klebanov, Vladimir Alexandrovitch
3. Poplavski, Valentin Tikhonovitch
4. Foufaieva, Anna Sergueievna
5. Gouriev, Mikhaïl Egorovitch
6. Manakova, Tamara Mikhaïlovna
7. Ovtchinikova, Alina Dmitrevna
8. Ivanov, Nicolaï Pavlovitch
9. Ovtchinikova, Diana Dmitrevna
10. Melentiev, Mikhaïl Leonidovitch
11. Koutcherenko, Varvara Ivanovna
12. Kachapova, Venera Gabdourakhmanovna
13. Kategorenko, Varvara Ivanovna
14. Izvekova, Valentina Nikititchna
15. Kozlova, Klavdia Alexandrovna
16. Travkina, Vera Logvinovna
17. Chkorbatov, Iakov Alexandrovitch
18. Matioucheva, Maria Petrovna
19. Iankov, Gavriil Timofeievitch
20. Melentieva, Maria Petrovna
21. Dvoretskaïa, Maria Ivanovna
22. Gaïdar, Nadejda Ivanovna
23. Klebanova, Zinaïda Trofimova
24. Tchetverikova, Valentina Vassilievna
25. Kravtchenko, Tatiana Ivanovna

26. Faïzine, Rif Amirovitch
27. Kourakina, Nadejda Vassilievna
28. Vakherova, Nina Andreievna
29. Nicolaiev, Evgueni Borissovitch
30. Zaotchnaïa, Tatiana Karpovna
31. Ignatieva, Galina Mikhaïlovna
32. Bartchoukov, Alexandre Petrovitch
33. Mikhaïlova, Alexandra Petrovna
34. Chestakov, Fiodor Ivanovitch
35. Loutchkov, Victor Fiodorovitch
36. Pozniakov, Anatoli Nikonorovitch
37. Pelekh, Valentina Alexeievna
38. Tsvyrko, Guenaïdi Alexandrovitch
39. Kozyrev, Zaourek Alexeievitch
40. Valedo, Lilia Artiomovna
41. Djafarov, Chamil Mamedovitch
42. Reznitchenko, Piotr Fiodorovitch
43. Soukhanova, Lidia Ivanovna

Nous sommes de diverses villes du pays.

30 janvier 1978.

Statuts de l'Association du syndicat libre des travailleurs en Union soviétique

(valables du 1er janvier 1978 au 1er janvier 1979)

PREMIER CHAPITRE : MEMBRES DE L'ASSOCIATION DU SYNDICAT LIBRE EN UNION SOVIÉTIQUE

I. Peut être membre de l'Association du syndicat libre des travailleurs tout ouvrier ou employé dont les droits et intérêts sont illégalement lésés par les organes de l'administration, des Soviets, du Parti ou de la justice.

II. Tout membre de l'Association du syndicat libre a le droit :

a. de juger librement toute l'activité de l'Association, de faire des propositions, d'exprimer et de défendre ouvertement son opinion jusqu'à ce que l'Association ait pris une décision;

b. de participer personnellement aux réunions où l'on discute de son activité ou de sa conduite;

c. de mener une lutte inlassable pour la paix et l'amitié entre les peuples;

d. d'élever sa conscience politique;

e. de respecter les statuts de l'Association du syndicat libre;

f. de remplir les objectifs sociaux de l'Association.

III. Le membre de l'Association jouit des avantages suivants :

a. il reçoit une aide juridique régulière;

b. il reçoit une aide matérielle et morale dans la mesure du possible;

c. il est aidé dans sa recherche d'un logement et, quand c'est possible, aide ses camarades.

IV. L'admission comme membre de l'Association est fondée sur le libre consentement, après une semaine de réflexion, en fonction des conséquences que cette admission peut entraîner dans les conditions actuelles.

V. L'admission est décidée en réunion.

DEUXIÈME CHAPITRE : STRUCTURE ORGANISATIONNELLE DE L'ASSOCIATION DU SYNDICAT LIBRE DES TRAVAILLEURS

VI. Elle se fonde sur le centralisme démocratique, ce qui signifie :

a. tous, de la base au sommet, sont élus par les membres de l'Association et rendent compte devant eux;

b. tous les problèmes de l'Association sont réglés conformément aux statuts;

c. les décisions sont prises à la majorité des voix.

VII. La discussion libre et constructive des problèmes d'activité de l'Association est un principe important de la démocratie interne du syndicat. Sur la base de la démocratie syndicale interne se développent la critique et l'autocritique, l'activité et l'initiative des membres du syndicat, se renforce la discipline constructive et créatrice.

VIII.   L'Association du syndicat libre est issue de l'association des « quarante-trois ».

IX.   Les tâches de l'Association sont :
a. l'exécution des engagements pris collectivement ;
b. le recrutement de nouveaux membres ouvriers et employés ;
c. la mise en application des décisions de l'Association concernant la défense des droits et la recherche de la justice ;
d. l'éducation des membres de l'Association dans un esprit d'intolérance pour les insuffisances, les manifestations de bureaucratisme et les falsifications, l'incurie et la gabegie, la négligence du bien commun.

CHAPITRE TROIS : RESSOURCES DE L'ASSOCIATION DU SYNDICAT LIBRE

X.   Les ressources de l'Association du syndicat libre sont constituées par :
a. les cotisations mensuelles des membres, ceux qui sont sans travail versant suivant leurs possibilités ;
b. pas plus d'un pour cent du salaire de ceux qui travaillent, sans exclure les dons volontaires ;
c. les contributions de personnes extérieures à l'Association pour des services de caractère juridique, pour la frappe ou la rédaction de plaintes, à un tarif n'excédant pas les prix d'Etat ;

d. l'aide financière apportée par les organisations syndicales étrangères.

CHAPITRE QUATRE : DROITS DE L'ASSOCIATION DU SYNDICAT LIBRE COMME PERSONNE JURIDIQUE

XI. L'Association du syndicat libre des travailleurs en Union soviétique est une personne juridique.

Dès que l'Association du syndicat libre des travailleurs en Union soviétique sera reconnue par l'OIT ou des organisations syndicales étrangères et qu'elle recevra une aide matérielle et morale, il sera procédé à la révision des statuts en tenant compte de la situation particulière des travailleurs dans notre pays, mais dans un délai n'excédant pas un an.

Le conseil des « quarante-trois » membres du Syndicat libre des travailleurs en Union soviétique.

Moscou, 1ᵉʳ février 1978.

*

LISTE DES CANDIDATS A L'ADMISSION DANS LE SYNDICAT LIBRE EN UNION SOVIÉTIQUE

1. Savinkov, Alexandre Mikhaïlovitch, mineur, ville de Makeievka.
2. Diatlov, Fiodor Fiodorovitch, ouvrier, ville de Makeievka.
3. Kortchaguine, Victor Ivanovitch, ingénieur, ville de Kemerovo-2.
4. Chpilevoï, Piotr Timofeievitch, ouvrier, Kiev.

5. Boïko, Alexandre Mikhaïlovitch, mineur, ville de Donetsk.
6. Nekitine, Vasily Iourevitch, ingénieur des Mines, ville de Donetsk.
7. Chtchour, Vladimir Alexeievitch, ingénieur des mines, ville de Makeievka.
8. Kriotckov, Nikolas Nikolaievitch, employé, Moscou.
9. Tcheveriov, Vitaly Sergueievitch, employé, Moscou.
10. Tcherniak, Ekaterina Ivanovna, ouvrière, Tchernigov.
11. Ostrevnaïa, Vera Vassilievna, employée, région de Krasnodarsk.
12. Pavlova, Tatiana Ivanovna, juriste, Khabarovsk.
13. Davydova, Lidia Ivanovana, employée, Moscou.
14. Nocyriova, Anastasie Mefodievna, ouvrière, Nikolaiev.
15. Bondariets, Nadiejda Eremeievna, ouvrière, Nikolaiev.
16. Kharitchkova, Maria Mikhaïlovna, retraitée, Nikolaiev.
17. Iachtchenko, Maria Ivanovna, ouvrière, Nikolaiev.
18. Matouchevitch, Maria Mikhaïlovna, employée, Nikolaiev.
19. Kostyliov, Oles Borissovitch, ouvrier, Nikolaiev.
20. Gountchenko, Anatoly Tarassovitch, ouvrier, Nikolaiev.
21. Mazourovskaïa, Nina Attiomaovna, ouvrière, Nikolaiev.
22. Fazilkhanov, Mamed Mamedovitch, ouvrier, Kazan.
23. Ostafiev, Serguéï Vassilievitch, retraité, ville de Donetsk.
24. Filippov, Leonide Ivanovitch, mineur, Makeievka.
25. Sidorova, Anna Stepanovna, ouvrière, ville de Pestov.
26. Mamedov, Sabir Babaievitch, employé, ville de Berdiansk.
27. Oussitskov, Anatoly Fedorovitch, travailleur, district de Léningrad.

28. Bats, Anna Moïsseievna, kolkhozienne, district de Rovensk.

29. Levite, Iakov Manoussovitch, employé, Odessa.

30. Bobrichev, Ivan Petrovitch, ouvrier, ville de Soussouman.

31. Zassimov, Dmitry Iakovitch, employé, Ioujno-Sakhalinsk.

32. Garagane, Grigori Iossifovitch, ouvrier, Kaliningrad.

33. Kosterine, Roman Moïsseievitch, employé, ville de Sovietsk.

34. Kimaeva, Anna Alexandrovna, employée, Sverdlovsk.

35. Toullikov, Kouzma Gavrilovitch, invalide de guerre, région de Pavlodarsk.

36. Otrokhova, Alissa Zakharovna, employée, Vorochilovgrad.

37. Gavrilenko, Victor Mikhaïlovitch, enseignant, Lvov.

38. Balandouk, Victor Matveievitch, ouvrier, Odessa.

39. Popov, Ivan Ivanovitch, retraité, Dniepropetrovsk.

40. Piakhina, Zinaïda Grigorievna, enseignante, district de Frounzé.

41. Maslov, Edouard Constantinovitch, ville d'Ojérélié, district de Moscou.

42. Tcherkassov, Mikhaïl Dmitrievitch, mineur, ville de Makeievka, district du Donetsk.

43. Serguienko, Evpotia Loguivna, kolkhozienne, région de Primorie.

44. Dvoretski, Fédor Pavlovitch, ouvrier, Alma-Ata, république du Kazakhstan.

45. Priadko, Grigori Mikhaïlovitch, ouvrier, district de Poltava.

46. Tchernikova, Nadejda Illarionaovna, institutrice, Stavropol.

47. Tsado, Larissa Ivanovna, employée, ville de Stepnoï, république du Kazakhstan.

48. Goulissariane, Archalouis Khatchatourovna, invalide du travail, ville de Soukhoumi.
49. Davydova, Nathalia Dmitrievna, employée, territoire de Komi.
50. Kotchetkov, Anatoli Mikhaïlovitch, ouvrier, Moscou.
51. Goudz, Mikhaïl Stepanovitch, ouvrier, ville de Zaporojie.
52. Karnaoukhov, Alexandre Mikhaïlovitch, retraité, Sotchi.
53. Soroka, Elena Moïsseievna, kolkhozienne, district de Ternopolsk.
54. Mouraviov, Nicolaï Grigorievitch, employé, Rostov-sur-le-Don.
55. Netchiporouk, Vera Terentievna, employée, Odessa.
56. Taran, Elena Alexeievna, ouvrière, ville de Vinnitsa.
57. Stenkine, Ivan Ivanovitch, ouvrier, Moscou.
58. Petrocian, Ivan Perossovitch, ingénieur, Léningrad.
59. Galimova, Slou Abdoulgalimova, institutrice, Oufa.
60. Aroutiounian, Guenrikh Sarkissianovitch, employé, Moscou.
61. Rekovskaïa, Larissa Viktorovna, employée, ville d'Issyk.
62. Teiler, Nelli, femme au foyer, Issyk.
63. Beletskaïa, Dina Alexeievna, ouvrière, Nikolaiev.
64. Kouznetsova, Tatiana Sergueievna, ouvrière, Vladivostok.
65. Chapotchkina, Valentina Alexeievna, ouvrière, Vladivostok.
66. Kozlova, Elena Petrovna, ingénieur, Voronej.
67. Makarov, Mikhaïl Vassilievitch, ingénieur, Moscou.
68. Nikitenko, Vassili Nikolaievitch, médecin, ville de Klin, district de Moscou.
69. Obchitoch, Krestina Ivanovna, kolkhozienne, district de Transcarpathie.
70. Popko, Stanislav, ouvrier, ville de Petrad, LSSR.

71. Chtcherbakov, Valentin Vassilievitch, ouvrier, district de Tcheliabinsk.
72. Polianskaïa, Valentina Pavlovna, employée, Saratov.
73. Moskvina, Anna Vassilievna, employée, Lvov.
74. Tsvetkova, Nina Mikhaïlovna, employée, Kiev.
75. Ossi, Janna, employée, ESSR, ville de Kokhta-Iarve.
76. Gladoun, Tatiana Gavriilovna, ouvrière, Nikolaiev.
77. Meier, Vera Edouardovna, ouvrière, région de Toula.
78. Pogrebniak, Nadejda Lavrentievna, femme au foyer, région de Stavropolsk.
79. Ananson, Nikolas Arkadievitch, ouvrier, Minsk.
80. Biletchenko, Nikolas Makarovitch, ingénieur, république de Kirghisie, Frounzé.
81. Kassanova, Janna Fiodorovna, ingénieur, ville de Mytichtchi, district de Moscou.
82. Antonava, Klara Petrovna, ingénieur, Kiev.
83. Jouravliov, Nikolas Pavlovitch, médecin, république d'Ouzbekistan, ville d'Outch-Koudouk.
84. Bortsova, Elena, employée, ville de Pevek.
85. Estova, Lioudmila Tikhovna, ouvrière, ville de Klimovsk, district de Moscou.
86. Baletskaïa, Vera Anatolievna, ouvrière, Makeievka.
87. Koponiova, Klavdia Vassilievna, infirmière, Makeievka.
88. Golovotchouk, Natalia Vassilievna, employée, Donetsk.
89. Boletski, Vassili Anatolievitch, ouvrier, Makeievka.
90. Zakharova, Klavdia Tikhovna, ouvrière, Moscou.
91. Chestakova, Ekaterina Tikhovna, ouvrière, Saratov.
92. Kossyguine, Fiodor Mikhaïlovitch, mineur, Makeievka-Zapadnaïa.
93. Kovalenko, Vladimir Stepanovitch, mineur, Makeievka-Zapadnaïa.
94. Beketov, Nikolaï Ivanovitch, ouvrier, région de Krasnodar.

95. Bartcho, Medjid Kazbouletovitch, ouvrier, région de Krasnodar.
96. Erchova, Natalia Ivanovna, ouvrière, Koutaïssi.
97. Koutakhine, Ivan Stepanovitch, ouvrier, ville de Klimovsk, district de Moscou.
98. Tolychkine, Alexandre Alexandrovitch, ouvrier, Lipetsk.
99. Trichkine, Nikolas Ivanovitch, employé, ville de Podolsk.
100. Charifoulina, Nafissa Avdourakhmanovna, ouvrière, Oufa, Bachkirie.
101. Kosterina, Ignessa Prokofiefna, institutrice, Sovetsk.
102. Lileko, Nadejna Kirilovna, ouvrière, Alexandria, Kirovogradsk.
103. Iakovenko, Victor Ivanovitch, ouvrier, Moscou.
104. Medvedev, Iouri Ivanovitch, ingénieur, Moscou.
105. Zakharov, Alexandre Vassilievitch, ouvrier, Moscou.
106. Gavrilov, Ivan Egorovitch, employé, Petropavlovsk-Kamtchatski.
107. Massalov, Vassily Ivanovitch, ouvrier, ville de Mojaïsk, district de Moscou.
108. Pachkovskaïa, Lilia Ignatievna, infirmière, Donetsk.
109. Ivanova, Marina Mikhaïlovna, ouvrière, Moscou.
110. Redko, Maria Nikolaievna, ouvrière, ville de Votaïsk, district de Rostov.

Etc., toute une série de camarades nous ont demandé de ne pas communiquer leur nom pour l'instant.

Moscou, 1ᵉʳ février 1978.

Lettre ouverte aux syndicats d'Europe occidentale

Le 1ᵉʳ mars 1978, des travailleurs de l'Est, réunis à Paris à l'initiative du Comité international contre la répression, rédigèrent cette « Lettre ouverte ».

En URSS, Vladimir Klebanov, mineur du Donetz, a annoncé fin janvier que deux cents travailleurs avaient décidé la création d'un syndicat indépendant, expliquant que beaucoup d'entre eux avaient été licenciés sans que les syndicats officiels ne prennent leur défense. C'est la première tentative de créer un mouvement ouvrier indépendant de l'appareil d'Etat. Lundi 27 février, deux représentants de ces deux cents travailleurs ont rendu publics les statuts de leur organisation syndicale. Dans une « Lettre ouverte », ils demandent aux syndicats occidentaux « leur aide morale et matérielle ». Le droit de s'organiser en syndicats est reconnu par la Constitution de l'URSS aux travailleurs de ce pays. Toutefois, ceux qui comme V. Klebanov et ses camarades mettent ce droit en pratique sont réprimés et internés dans des hôpitaux psychiatriques. Nous vous demandons instamment d'intervenir pour leur libération immédiate.

De même, en Roumanie, l'ouvrier Vasile Paraschiv a été taxé de « psychose délirante revendicative » parce qu'il avait pris position pour le respect de droits reconnus dans son pays.

En Pologne, un « Comité ouvrier » vient de se créer à Katowice et a lancé un appel « à tous les travailleurs de Pologne » en faveur de la création de « syndicats nationaux libres ».

En Tchécoslovaquie, des syndicalistes ont été exclus de leurs syndicats pour avoir refusé de participer aux licenciements politiques de ceux qui soutiennent la Charte 77.

Quelle que soit votre appréciation de ces faits, ils posent tous un même problème de principe sur lequel nous vous demandons de réaffirmer publiquement votre position : le droit imprescriptible des travailleurs à s'organiser en syndicats indépendants de leurs employeurs, y compris dans les pays qui se réclament du socialisme et où l'Etat est pratiquement le seul employeur.

Nous vous demandons instamment de prendre toutes les mesures possibles, d'envoyer des commissions syndicales internationales d'enquête, pour faire la lumière sur la réalité des syndicats dans ces pays, et pour prendre la défense de ceux qui s'y battent pour que se réalise enfin un droit formellement reconnu. Vous avez déjà à plusieurs reprises exprimé votre préoccupation concernant le respect des droits des travailleurs en Europe de l'Est. Aujourd'hui, plus que jamais, ils ont besoin du soutien de ceux qui se battent en Occident contre l'exploitation capitaliste.

Edmund Baluka,
Victor Feinberg,
Vasile Paraschiv.

Ils se présentent eux-mêmes : les trois signataires sont des ouvriers d'Europe de l'Est réprimés dans leur pays pour leur défense des droits des travailleurs et des droits de l'homme.

Edmund Baluka, polonais. Ancien président du comité de grève de Szczecin en décembre 1970/janvier 1971. Lutte contre toute exploitation, pour l'unité internationale de la classe ouvrière qui réalisera le socialisme.

Victor Feinberg, soviétique. L'un des sept participants à la manifestation sur la place Rouge, le 25 août 1968 contre l'intervention soviétique en Tchécoslovaquie. Lutte contre toute exploitation de la classe ouvrière et pour sa participation directe à la direction de l'industrie et de l'économie.

Vasile Paraschiv, roumain. Membre du parti communiste roumain depuis 1946. En a démissionné en 1968. Interné trois fois en hôpital psychiatrique pour motifs politiques. Lutte pour les droits syndicaux des ouvriers et milite pour les droits de l'homme en Roumanie. Signataire de la lettre de Paul Goma adressée à la Conférence de Belgrade.

Cette lettre a été adressée en France à la CGT, la CFDT, FO, la FEN.

Les réactions

Les trois signataires de cette lettre l'adressèrent aux quatre grandes organisations syndicales françaises, la CGT, la CGT-FO, la FEN, la CFDT. Les représentants de ces dernières les reçurent dans les semaines qui suivirent. Ainsi la lettre de Johannès Galland, de la CGT, est une réponse directe à cette entrevue. Ces quatre rencontres débouchèrent sur la conférence de presse organisée dans les locaux de la FEN, le 18 avril 1978, à laquelle prirent part Louis Astre au nom de la FEN, Patrice Garnier au nom de la CFDT, René Bidouze au nom de la CGT et Antoine Laval au nom de la CGT-FO.

L'APPEL DE LA COMMISSION ADMINISTRATIVE DE LA FEN

Vladimir Klebanov et d'autres ouvriers soviétiques qui ont créé en janvier 1978 un syndicat indépendant, création non interdite par la législation soviétique, se trouvent depuis lors très durement réprimés.

Plusieurs dizaines d'entre eux sont privés d'emploi; en outre Klebanov, Nikitine, Kortchaguine, Nikolaiev, Chtcherbakov sont internés en asile psychiatrique.

La CA de la FEN condamne cette nouvelle vague de

répression antisyndicale en URSS et exige la libération immédiate des internés et la réintégration des licenciés dans leur emploi.

Rappelant que la liberté syndicale constitue un droit fondamental et imprescriptible de tous les travailleurs, la CA de la FEN demande que ce droit soit effectivement reconnu en URSS et puisse y être librement exercé.

Elle décide d'apporter le soutien de la FEN à l'initiative syndicale des travailleurs soviétiques.

La CA appelle les centrales syndicales ouvrières françaises et le Mouvement syndical international à organiser activement un tel soutien; elle les appelle aussi à intervenir d'urgence pour sauver nos camarades de la répression.

Paris, 23 mars 1978.

RÉPONSE DE LA CGT

Le compte rendu fidèle de votre délégation auprès de la CGT nous a été rapidement transmis. Je tiens à nouveau à vous exprimer nos excuses pour ne pas avoir pu vous recevoir personnellement. Vous conviendrez que la situation économique, sociale et politique présente nous engage dans une activité de tous les instants.

Nous sommes particulièrement sensibles aux problèmes individuels évoqués et à la signification plus générale qu'ils sous-tendent. A maintes reprises, la CGT a exprimé sa condamnation des atteintes aux libertés et droits syndicaux individuels et collectifs dans les pays socialistes et son attachement indéfectible aux principes fondamentaux des droits de l'homme.

Plusieurs écrits dont le retentissement a été évident —

quoique bien souvent étouffé par les grands moyens d'information — peuvent en témoigner. Dans les limites de ses prérogatives syndicales, la CGT a tenu sa place et entend poursuivre son activité et son action en la matière.

A quelques jours du IXe Congrès de la FSM, nous pouvons affirmer que nous saurons défendre ces positions sans faiblesse ni concession.

Il ne peut être question, pour la CGT, de défendre les libertés partout dans le monde sauf dans les pays socialistes. Aussi, nous réprouvons sans ambiguïté la répression qui touche les trois cas dont votre délégation nous a entretenu.

Il est entendu que nous sommes d'accord pour que vous utilisiez cette lettre selon l'utilité que vous en jugerez et notamment à l'occasion de votre conférence de presse.

> Johannès Galland, secrétaire de la CGT
> Paris, 29 mars 1978.

**LETTRE D'EDMUND BALUKA
A LA CONFÉRENCE DE PRESSE**

Mesdames, Messieurs,

Je m'adresse à vous, en tant que l'un des trois signataires de l'appel pour la défense du mineur soviétique V. Klebanov et de ses 200 camarades qui viennent de créer un syndicat indépendant du PCUS et du gouvernement de l'URSS, à la suite de quoi la plupart d'entre eux ont été emprisonnés ou internés dans des hôpitaux psychiatriques.

Ne pouvant, pour certaines raisons, être présent à cette conférence de presse, je tenais, par cette lettre, à certifier combien je le regrette.

Mais je voulais aussi rappeler qu'en aucun cas mon absence ne signifiait un quelconque changement de mes convictions ou de mes buts. Ainsi, la libération de Klebanov et de ses camarades reste et restera l'un des buts que j'ai fixés à mon action politique.

Il n'est pas besoin de vous rappeler l'importance de l'initiative de ces travailleurs soviétiques, non seulement pour l'ensemble des travailleurs de leur pays, mais pour tout le mouvement ouvrier international.

En effet, dans l'ensemble du bloc soviétique, en URSS même et dans les pays satellites, les « syndicats » officiels existants ne sont que de tristes parodies, de simples marionnettes entre les mains du Parti, ce qui, si l'on prend le cas de la Pologne par exemple, est même consigné noir sur blanc dans les statuts. Il y est dit que « les syndicats dépendent de la ligne politique du Parti ouvrier unifié polonais ».

Et c'est pourquoi il est si important que les syndicats ouvriers français — au nom de la solidarité internationale des travailleurs — s'engagent dans ce combat, soutiennent les travailleurs soviétiques fondateurs de ce syndicat indépendant et leur apportent leur soutien matériel, moral et politique pour les défendre contre les répressions dont ils sont maintenant victimes.

Je tiens, ici, à formuler ma reconnaissance à la FEN qui organise cette conférence et à vous, Mesdames et Messieurs les journalistes, pour votre engagement et celui de vos journaux sur cette question si importante car cela montre que les ouvriers soviétiques sont prêts à détruire le système stalinien appuyé sur la terreur, comme soixante ans plus tôt ils l'ont fait pour l'empire des tsars.

Je souhaite que les travaux de cette conférence de presse

soient fructueux et je m'adresse à vous directement, Mesdames et Messieurs les journalistes, pour que vous réussissiez par vos articles à émouvoir l'opinion de vos lecteurs français, pour qu'ils protestent activement contre la violation des droits fondamentaux des travailleurs et des droits de l'homme.

Edmund Baluka.
Paris, 17 avril 1978.

DÉCLARATION DE LA CFDT

La CFDT répond à l'appel de solidarité lancé par les travailleurs d'URSS qui tentent de s'organiser pour défendre leurs droits et d'abord leur emploi.

Depuis un certain temps déjà, la CFDT suit avec attention les problèmes de libertés dans les pays de l'Est. En URSS, en Tchécoslovaquie, en Roumanie, en Pologne, des ouvriers ont tenté et tentent de prendre la parole pour faire entendre leur voix. Aux yeux de la CFDT, cette action est fondamentale pour la transformation de ces sociétés.

L'action des travailleurs, luttant et s'organisant pour leur emploi, pour leurs conditions de vie et de travail, est de première importance dans la lutte *contre un régime qui tend à nier les libertés*. En tant qu'organisation syndicale, la CFDT s'élève contre l'arbitraire du chômage politique, qu'il sévisse en Tchécoslovaquie, en URSS ou en Roumanie. La privation d'emploi, synonyme de privation de moyens de subsistance, est une odieuse mesure. Il semble qu'elle soit, dans certains pays, un mode de répression particulièrement développé.

L'action des ouvriers, des travailleurs pour obtenir le

minimum vital de pain et de dignité est un acte d'accusation contre des régimes qui se parent du nom de socialiste et du qualificatif ouvrier. En mars 1977, le bureau national de la CFDT affirmait : « la forme totalitaire des pays de l'Est est la conséquence même de la logique d'un système social et d'un régime politique qui conçoivent la société comme unifiée et qui nient les conflits ». Cette réalité indissolublement liée à l'affirmation d'une connaissance scientifique de la société et son devenir détenu par une avant-garde limitée conduit le pouvoir en place à assimiler toute contestation à la déviance.

Pour la CFDT, la liberté est indivisible. Elle a sa propre dynamique et sa propre logique. Il n'y a pas de zone où elle pourrait s'exercer et d'autres où elle devrait être tenue en tutelle. Pour la CFDT, pas de socialisme autogestionnaire s'il ne vit pas dans la société un tissu d'organisations démocratiques constituées et fonctionnant librement : associations de toute nature, partis politiques et organisations syndicales. Parmi toutes les libertés, *le droit à la contestation et les conditions de son exercice est celui qui peut qualifier un régime.*

Fidèle à cette conception, la CFDT apporte son soutien aux camarades, aux ouvriers qui, sous des formes diverses dans des contextes différents, sont victimes de répression et d'arbitraire dans les pays de l'Est. Elle apporte son soutien à tous ceux qui utilisent les moyens à leur disposition pour lutter contre le chômage politique et pour leur dignité. La CFDT exige la libération de Klebanov et de ses camarades.

Paris, 18 avril 1978.

INTERVENTION D'ANTOINE LAVAL, SECRÉTAIRE CONFÉDÉRAL CGT FORCE OUVRIÈRE A LA CONFÉRENCE DE PRESSE DU 18 AVRIL 1978.

Au nom du bureau confédéral de la Cgt Force ouvrière, je veux déclarer l'entière solidarité de mon organisation avec la cause des travailleurs soviétiques, roumains, tchèques et polonais et rendre hommage à ceux qui, aujourd'hui, en leur nom, ont l'immense courage de rompre le silence sur leur condition.

Si la Confédération Force ouvrière s'est créée, il y a un peu plus de trente années, c'est précisément pour éviter que le mouvement syndical français soit confisqué par le parti communiste et que l'organisation des travailleurs soit réduite à la fonction de courroie de transmission du Parti.

Il n'y a pas de défense possible pour les travailleurs s'ils ne peuvent disposer d'une organisation autonome. C'est pour cela que toute la lutte de la Confédération Force ouvrière se confond avec celle pour l'indépendance du mouvement syndical.

Je salue, à travers vous, chers camarades Feinberg, Paraschiv, Lestinsky et Smolar, la lutte courageusement engagée par les travailleurs de vos pays pour se doter de syndicats libres.

Je veux aussi rappeler que, dans les années mêmes de sa création, la Cgt Force ouvrière ouvrait, à son siège à Paris, un « centre d'accueil des syndicalistes exilés » qui durent fuir leur pays ou en furent expulsés parce que les droits élémentaires de la personne humaine n'étaient plus respectés, parce que les libertés fondamentales n'étaient plus reconnues. Ils portaient déjà témoignage en Europe occidentale. Plusieurs sont aujourd'hui présents dans cette salle pour vous soutenir.

Au nom de la Cgt Force ouvrière, je prends l'engagement de répondre positivement à toutes les demandes que vous venez de formuler à l'adresse des syndicats ouvriers français.

En notre qualité de membres de la Confédération internationale des syndicats libres, nous avons demandé que soit portée à l'ordre du jour de son prochain Comité exécutif qui se réunira au début de la seconde quinzaine de mai à Hambourg, la question des libertés syndicales à l'Est de l'Europe, afin que ce soit tout le mouvement syndical libre qui se mobilise.

Lors de la Conférence internationale du travail qui se réunira, à Genève, au mois de juin prochain, nous en appellerons à l'Organisation internationale du travail.

Cette organisation a des responsabilités à prendre et des devoirs à assumer à votre égard, quelles que soient les implications et les finasseries de la diplomatie des Etats. Cette organisation a été construite au lendemain de la Première Guerre mondiale pour la défense des droits des travailleurs. Elle doit rester fidèle à sa vocation.

La lutte pour les droits des travailleurs c'est aussi la lutte pour la dignité de l'homme qui ne peut se réaliser que dans la plénitude des libertés collectives et individuelles.

Nous sommes unis dans cette lutte.

La conférence de presse du 18 avril 1978

QUATRE COMPTES RENDUS [1]

L'Unité, 22 avril.

En Union soviétique, comme en Pologne, comme en Tchécoslovaquie, il n'existe, en effet, aucune organisation qui défende les travailleurs : « Les syndicats non seulement ne défendent pas nos droits, mais n'ont aucune autorité dans la mesure où ce sont des communistes qui y occupent toutes les positions clefs, c'est-à-dire des personnes qui n'ont pas réussi à grimper dans l'appareil même du Parti et qui ont tout intérêt à se ranger du côté de la direction. Les élections syndicales sont purement formelles : ce sont les dirigeants de l'entreprise, le responsable du Parti dans l'entreprise qui élisent et qui désignent les présidents des comités syndicaux. Il n'y a aucune entreprise de production en URSS, où il n'y a pas 100 % de syndiqués », écrivent les animateurs du Syndicat libre.

Victor Feinberg témoigne, lui, du procès d'un ouvrier qui avait protesté contre la violation de son contrat de travail : il fut accusé de faire de la propagande antisoviétique. Cette accusation était tellement ridicule que le KGB

1. *L'Humanité* n'a pas publié de compte rendu de la conférence de presse.

lui-même l'avait abandonnée. Qu'à cela ne tienne, l'ouvrier fut condamné à trois années de camp à régime sévère. Sous la pression du syndicat.

« Le syndicat est l'appareil le plus haï de la société polonaise, dit Alexandre Smolar. Quant aux ouvriers, ils sont le groupe le plus défavorisé de la société. Plus que les paysans, qui chez nous sont propriétaires de leur terre. » A noter qu'en Pologne un syndicat libre vient de se créer à Katowice. Le mouvement ouvrier polonais a d'ailleurs enregistré, après les grandes grèves meurtrières de 1970 et 1976, de notables succès.

Alors que se tient à Prague le IXe Congrès de la Fédération syndicale mondiale (160 millions d'adhérents, principalement dans les pays de l'Est), la CFDT, la CGT-FO et la FEN ont condamné, lors de cette conférence de presse, la répression professionnelle et les atteintes aux droits de l'homme dans les pays de l'Est. Elles envisagent de chercher ensemble à élargir les moyens de leur solidarité aux travailleurs de ces pays. La CGT, membre de la FSM, a décidé de ne plus présenter sa candidature au secrétariat général de l'organisation — ce poste était occupé depuis la fin de la dernière guerre par un syndicaliste français.

« La FSM, déclare Louis Astre, secrétaire national de la FEN chargé du secteur " Droits et libertés ", doit exiger et peut obtenir la libération de Klebanov et de ses amis. Si elle ne le fait pas, elle sera totalement disqualifiée comme association représentative des travailleurs dans le monde. »

Emmanuelle Plas.

Rouge, 19 avril.

A l'occasion d'une conférence de presse, organisée par des opposants des pays de l'Est, CGT, CFDT, FO, FEN s'engagent.

Les quatre centrales syndicales françaises dénoncent la répression contre les travailleurs dans les pays de l'Est :

Les quatre organisateurs de la conférence de presse ont insisté, chacun, à partir de l'expérience faite de son propre pays, sur le fait que la classe ouvrière, dans les pays de l'Est, connaît la situation sociale la plus défavorable de toutes les couches sociales.

Ils ont souligné aussi à quel point les récents mouvements, manifestations, initiatives, que ce soit l'extraordinaire grève des mineurs roumains en août 1977, la création du syndicat indépendant en URSS, le développement du mouvement de résistance sociale en Tchécoslovaquie autour de la Charte ou le développement de l'auto-activité ouvrière en Pologne autour du bulletin public *Robotnik* expriment un bouleversement dans la conscience ouvrière de ces pays.

Le temps de la peur est fini, devait dire Viktor Feinberg.

Dès lors, l'initiative ouvrière, dans ces pays, prend des formes tout à fait spectaculaires et remarquables. Alexander Smolar a montré aux journalistes des exemplaires du journal des travailleurs, *Robotnik,* qui en est à son n° 9, est imprimé à 15 000 exemplaires, ce qui, dans les conditions où agit l'opposition dans un pays comme la Pologne, représente un tour de force.

Tous ont enfin insisté sur l'aggravation de la répression dans les derniers mois : en Pologne toujours, a expliqué Smolar, se développe une répression brutale et sournoise qui rappelle les mœurs de l'appareil de répression dans des pays comme le Brésil et l'Argentine : à plusieurs reprises, des membres du Comité d'autodéfense des ouvriers (KOR) ont été battus par des inconnus dans la rue. En Roumanie, on est toujours sans nouvelles des délégués des mineurs en grève emprisonnés.

Dans ce contexte — et c'était le sens de leur appel aux

syndicats français — la solidarité du mouvement ouvrier occidental revêt une importance cruciale. Sur ce plan, les choses avancent : Feinberg a indiqué qu'en Grande-Bretagne, trente syndicats avaient exprimé leur solidarité avec les ouvriers soviétiques qui ont créé le syndicat indépendant et approuvé l'objectif de ce syndicat.

En France, la FEN a pris en charge le soutien à un certain nombre de citoyens tchécoslovaques privés de ressources à la suite d'interdictions professionnelles : soutien matériel, moral, financier. Il est souhaitable, comme l'a souligné Louis Astre, représentant de la FEN, que cette initiative se développe, s'étende à d'autres victimes de la répression, que d'autres structures syndicales prennent en charge ce soutien. Pour sa part, la CGT a mis en avant, à l'occasion du Congrès de la Fédération syndicale mondiale qui se tient en ce moment à Prague, une déclaration universelle des droits syndicaux qui, bien sûr, devrait avoir ses implications dans les pays de l'Est.

Le Monde, 20 avril.

Les syndicats français répondent à l'appel de solidarité lancé par des travailleurs des pays de l'Est.

[...] Relatant les poursuites dont sont l'objet les ouvriers chômeurs soviétiques qui, n'ayant plus aucun moyen de se défendre, ont fondé ce syndicat libre, M. Feinberg a demandé aux syndicalistes français de manifester, comme l'ont fait leurs collègues anglais, leur solidarité. M. Jan Lestinsky, délégué syndical élu en 1968 et emprisonné en 1969, à l'aube de la « normalisation », a évoqué l'influence bénéfique qu'avait eue « l'initiative civique », c'est-à-dire la Charte 77, en exigeant la réparation des injustices. Il a demandé aux centrales syndicales et à l'OIT d'exiger le respect par le gouvernement tchécoslovaque aussi bien des engagements internationaux qu'il a pris que du code de travail tchécoslovaque. M. Paraschiv a évoqué la situation en Roumanie (où il entend revenir d'ailleurs, quels que soient les risques); M. Smolar a noté que le gouvernement polonais recule à présent devant la moindre petite grève. Mais la répression, dans ce pays où la contestation et la protestation se font au grand jour, commence à prendre la forme « argentine ou brésilienne », a-t-il affirmé. Ainsi, l'un des fondateurs du syndicat libre, M. Wladislaw Cigan, a été roué de coups le 13 avril dernier par « quatre inconnus ».

M. Antoine Laval, secrétaire confédéral de FO, a proclamé ensuite l' « entière solidarité » de sa centrale « avec les objectifs fondamentaux de la lutte » des travailleurs de ces quatre pays.

Pour la CGT, M. René Bidouze, de la direction confédérale, a rappelé que sa centrale « ne saurait défendre les libertés syndicales partout, sauf dans les pays socialistes »; il ne s'est cependant pas engagé à mener une action concrète et commune avec les trois autres centrales. M. Bidouze a précisé : « Ma présence ici a été décidée avec la délégation actuellement au Congrès de la FSM. »

Pour la CFDT, M. Patrice Garnier, secrétaire fédéral au secteur politique de la CFDT, a répondu à l'appel à la solidarité. Enfin, M. Louis Astre, secrétaire national de la FEN a rappelé la déclaration de sa fédération en date du 23 mars et dit qu'au-delà des déclarations de principe il fallait maintenant passer à « un soutien matériel et financier ». (Dans un premier temps, la FEN vient de prendre en charge dix familles tchécoslovaques de prisonniers politiques ou de personnes à qui le droit au travail est dénié.)

Revenant sur le Congrès de la FSM, M. Astre a affirmé :
« Supposons que ce congrès international de syndicalistes,
qui se tient précisément à Prague, ne débouche pas sur
l'exigence immédiate de faire relâcher Klebanov et ses amis
qui luttent pour les libertés syndicales, libération que la
FSM pourrait obtenir. Si la FSM ne le fait pas, elle se
condamnera aux yeux de tous. »

                                                            A.M. B.

Informations ouvrières, 26 avril.

En Pologne, explique Alexander Smolar, où, depuis 1971
et surtout depuis la grève générale de juin 1976, la classe
ouvrière a imposé recul sur recul au régime Gierek,
l'activité indépendante des groupes d'ouvriers s'étend. A
Katowice, un comité ouvrier vient de naître, qui appelle à
la fondation de syndicats libres. Mais la bureaucratie
polonaise, qui a été contrainte de relâcher les ouvriers
emprisonnés à Radom et Ursus, continue à recourir à la
répression policière, sous des formes plus sournoises : il y a
quelques jours, un dirigeant ouvrier, proche du Comité de
défense de la société (ex-Comité de défense des ouvriers) a
été battu sauvagement par quatre « inconnus ».

On sait qu'en Tchécoslovaquie, comme le rappela Jan
Lestinski — un des premiers signataires de la Charte 77,
emprisonné pendant neuf mois puis contraint à l'exil —, le
régime de Husak chasse des syndicats et de leur travail,
non seulement les chartistes, mais aussi ceux qui ont refusé
de voter les motions condamnant la Charte.

C'est pourquoi le soutien résolu des organisations de la
classe ouvrière française peut aujourd'hui aider de façon
importante à la poursuite du combat engagé par Klebanov

et ses camarades, par ceux qui dans les autres pays de l'Est poursuivent des objectifs identiques.

Un soutien d'autant plus résolu, devait dire Louis Astre, représentant de la FEN, que ceux qui sont victimes de cette répression bureaucratique combattent au nom du socialisme. Louis Astre rappela que face à la forme nouvelle de la répression en Tchécoslovaquie, la FEN avait décidé de donner à sa solidarité une forme concrète : financière, matérielle. Elle se propose de l'élargir en fonction des résultats de sa campagne nationale, elle entend discuter avec les centrales ouvrières françaises et internationales des modalités d'un tel élargissement.

Louis Astre remarquait à ce propos que la FSM, qui peut obtenir la libération immédiate de Klebanov et de ses camarades, se disqualifierait aux yeux des travailleurs informés si elle ne saisissait pas l'occasion de son congrès pour l'exiger.

Après qu'Antoine Laval eut affirmé « l'entière solidarité de FO sur les objectifs fondamentaux de la lutte engagée par nos camarades russes, tchèques, polonais et roumains », et annoncé l'intention de la centrale de porter le problème devant le prochain comité exécutif de la CISL et devant la prochaine assemblée de l'OIT en juin prochain, le représentant de la CFDT exigea lui aussi la libération de Klebanov et des fondateurs du syndicat indépendant. Le représentant de la CGT se refusa à prendre une position aussi précise, expliquant qu'il outrepasserait son mandat en prenant position au lieu et place de la délégation de la CGT présente à Prague, mais affirma que la CGT examinerait toutes les propositions d'initiatives qui lui seraient faites.

Il en est une, urgente, précise, pour concrétiser le premier pas réalisé avec cette conférence de presse : exiger la libération immédiate des militants soviétiques emprisonnés.

Deux réactions.
Trois dépêches de presse

**PAR DEUX FOIS L'AGENCE TASS DÉMENT:
LE SYNDICAT LIBRE N'EXISTE PAS**

REPROCHES DE TASS A QUATRE CENTRALES SYNDICALES FRANÇAISES

Moscou, 21/4 (AFP) — L'agence Tass reproche vendredi à quatre grandes centrales syndicales françaises d'avoir participé mardi à Paris à la conférence de presse de représentants d'ouvriers dissidents des pays de l'Est.

Dans un commentaire signé par Youri Trouchine, l'agence Tass trouve « étrange » que la CGT, la CFDT, Force ouvrière et la Fédération nationale de l'enseignement (FEN) « aient cru possible de participer à ce spectacle provocateur qu'a été la prétendue conférence de presse ». L'agence soviétique reproche aux quatre centrales syndicales françaises de ne pas s'être contentées d'une « simple participation », « mais bien d'avoir manifesté leur solidarité avec des renégats ne représentant personne ».

Toujours l'agence Tass : les syndicalistes français — défenseurs des droits de l'homme dans les pays de l'Est — « feraient mieux de défendre le respect des droits de l'homme en France où plus d'un million de citoyens sont privés du droit élémentaire au travail [...] ».

Enfin pour Tass, cette démarche des quatre centrales syndicales françaises « va à l'encontre de la volonté des milieux qui militent en France pour le bon voisinage entre les peuples » pour la « compréhension et l'amitié » entre les travailleurs de l'Ouest et de l'Est, « contre la calomnie ».

TASS DÉMENT L'EXISTENCE EN URSS DE SYNDICATS LIBRES

Moscou, 21/4 (AFP) — L'agence Tass dément formellement vendredi l'existence en URSS de l'Association des syndicats libres.

Dans une riposte de l'*Observer* de Londres qui a fait état de l'activité de cette association, l'agence Tass écrit, sous la signature de Youri Kornikov : « Il n'a existé et il n'existe en URSS aucune " association " syndicale à part l'Union des syndicats soviétiques groupant 125 millions de travailleurs. »

Dénonçant « les objectifs des spéculations de l'*Observer* sur les prétendues persécutions dont souffriraient des membres de l' " association fantôme " », Tass écrit que « les auteurs de ce tapage provocateur ne se proposent nullement de défendre les droits de qui que ce soit, d'autant plus que personne en URSS ne le leur demande ».

« Ce tapage n'est qu'une nouvelle tentative de faire rebondir la campagne calomniatrice autour des prétendues violations des droits de l'homme en Union soviétique », ajoute l'agence soviétique.

« Cette campagne, conclut-elle, est appelée à détourner l'attention de l'opinion des violations massives des droits et des libertés de l'homme dans les pays occidentaux, au mépris de l'esprit de la détente. »

SON AVOCAT REMERCIE
LES CENTRALES SYNDICALES FRANÇAISES

REMERCIEMENTS DU « SYNDICAT INDÉPENDANT » D'URSS
A QUATRE CENTRALES SYNDICALES FRANÇAISES

Moscou, 21/4 (AFP) — Un représentant du « Syndicat indépendant » qui essaie de se constituer en URSS a exprimé au nom de ses amis sa reconnaissance aux syndicats français qui lui ont apporté leur soutien.

Dans un texte remis vendredi à l'AFP, M. Vsevolod Kouvakine, porte-parole du mouvement depuis l'arrestation de M. Vladimir Klebanov, affirme que la répression n'a pas réussi à « écraser » le mouvement.

M. Kouvakine, qui est seul à signer ce texte pour, dit-il, ne pas compromettre inutilement ses camarades, espère que les syndicats français continueront à soutenir moralement les ouvriers militants de ce « Syndicat » et dans la « mesure du possible » à leur apporter une aide « matérielle ». Les « militants » sont pour la plupart licenciés depuis plusieurs mois et sans ressources pour mener leur action, a ajouté M. Kouvakine, qui demande aux syndicats français d'intervenir pour la libération des quatre membres du groupe emprisonnés sous les verrous et dans un hôpital psychiatrique.

Cette déclaration au nom du « Syndicat indépendant » fait suite à une conférence de presse donnée mardi en commun par la CGT, la CFDT, Force ouvrière et la FEN.

Les quatre syndicats avaient protesté contre les atteintes portées aux droits des travailleurs dissidents en URSS, et trois promoteurs du « Syndicat indépendant ». La CGT ne s'était pas prononcée sur ce dernier point.

Légal ou pas?

L'article 51 de la Nouvelle Constitution de l'URSS, adoptée en octobre 1977, affirme :

> Conformément aux objectifs de l'édification du communisme, les citoyens de l'URSS ont le droit de se grouper en organisations sociales qui contribuent au développement de leur activité politique, de leurs initiatives et à la satisfaction de leurs intérêts les plus divers.

Les syndicats constituent, au premier chef, des « organisations sociales ». Ainsi l'article 126 de la précédente Constitution de l'URSS précisait de manière plus explicite :

> Conformément aux intérêts des travailleurs [...] les citoyens de l'URSS ont le droit de se grouper en organisations sociales : syndicats, coopératives, organisations de jeunesse, organisations sportives, etc.

L'article 7 de la Nouvelle Constitution (de 1977) prévoit que :

> Les syndicats, l'Union des jeunesses communistes léninistes de l'URSS, les organisations coopératives et autres organisations sociales participent en conformité avec leurs objectifs statutaires à la gestion des affaires de l'Etat et des affaires sociales, au règlement des questions politiques, économiques, sociales et culturelles.

D'autre part, les *Principes fondamentaux de la législation du travail de l'URSS et des Républiques fédérées* (qui servent de base à l'élaboration des codes correspondants dans chaque République), adoptés par la loi du 15 juillet 1970 proclament :

> *Article 95. Droit des ouvriers et employés de se constituer en syndicats :*
> Conformément à la Constitution de l'URSS, les ouvriers et employés ont le droit de se constituer en syndicats.
> Les syndicats agissent conformément aux statuts qu'ils ont adoptés et ne sont pas soumis à l'enregistrement auprès des organes d'Etat.
> Les organes d'Etat, les entreprises, les établissements et les organisations sont tenus de favoriser, dans toute la mesure du possible, l'activité des syndicats.
>
> *Article 96. Droit des syndicats :*
> Les syndicats représentent les intérêts des ouvriers et employés dans le domaine de la production, du travail, de la vie courante et de la culture.
> Les syndicats participent à l'élaboration et à la réalisation des plans d'Etat de développement de l'économie nationale, à la solution des questions de répartition et d'utilisation des ressources matérielles et financières; ils font participer les employés à la gestion de la production, organisant l'émulation socialiste, la création technique de masse et ils contribuent au maintien de la discipline de production et de la discipline de travail.
> Les décisions relatives aux conditions de travail et aux salaires, à l'application de la législation du travail et à l'utilisation des fonds sociaux de consommation dans les cas prévus par les lois de l'URSS et des Républiques fédérées et les arrêtés du Conseil des ministres des Républiques fédérées sont prises par les entreprises, les établissements ou les organisations et les organes qui leur sont hiérarchiquement supérieurs conjointement avec les syndicats ou avec leur accord.

Aucun texte législatif ne fait donc apparemment obstacle à la création d'un syndicat indépendant.

Il est évident que, dans l'esprit du législateur, les organisations sociales dont la création est permise doivent être animées et dirigées par le parti communiste de l'Union soviétique. C'est le sens de l'article 6 de la nouvelle Constitution. Mais aucun texte n'interdit expressément la création d'organisations sociales (et donc de syndicats) qui ne se placeraient pas explicitement sous la direction et le contrôle du parti communiste de l'Union soviétique ou de l'Etat.

On peut penser que c'est précisément en vertu de cette imprécision des textes législatifs et réglementaires que les autorités ont placé un certain nombre des fondateurs du Syndicat libre en hôpital psychiatrique. Sur quels textes réglementaires pourraient s'appuyer une instruction et un procès?

*

APPEL AUX OUVRIERS AMÉRICAINS

Les Cahiers du Samizdat [1] *qui publient ce texte indiquent que son auteur, Iouli Grimm, l'a transmis par téléphone à Londres le 25 avril 1978 et que cet ancien prisonnier politique « est de ceux qui participent actuellement à une nouvelle tentative de formation d'un syndicat libre, pour continuer l'initiative du groupe de Klebanov ».*

Chers amis, ouvriers américains.

Je m'adresse à vous, membres de l'AFL-CIO, parce que je considère cette organisation comme une force exerçant

---

1. Cahiers du Samizdat, 105 drève du Duc, 1170 Bruxelles, qui a publié un numéro de février-mars comportant des documents du Syndicat libre.

une influence pour la défense des droits des travailleurs américains non seulement en paroles mais aussi en actes. Votre mouvement syndical peut avoir ses défauts, mais nous, ouvriers soviétiques, savons très peu de l'AFL-CIO, de sa structure, ses droits et ainsi de suite. Toutefois, ce n'est pas notre faute. La radio et la presse soviétiques disent seulement de l'AFL-CIO que c'est une organisation réactionnaire contrôlée par les monopoles.

Néanmoins, ce qui nous paraît manifeste au sujet de l'AFL-CIO, c'est que cette organisation nous montre la nécessité d'assurer la liberté des travailleurs. Je suis convaincu que les syndicats américains ont joué un rôle essentiel dans la conquête du haut niveau de vie dont jouissent les travailleurs des Etats-Unis. C'est pourquoi je fais appel à vous, ouvriers américains, en vous demandant de soutenir le mouvement syndical indépendant qui se développe en URSS.

Depuis plus de 50 ans, nos prétendus syndicats n'ont été rien d'autre qu'une filiale de l'organisation de l'Etat. Ils n'ont aucune compétence pour défendre les ouvriers contre l'oppression et l'exploitation, ils sont entièrement dévoués aux intérêts de l'Etat... [passage inintelligible].

Chaque jour, les droits des travailleurs soviétiques sont violés sans qu'ils ne trouvent aucun soutien auprès des soi-disants « dirigeants syndicaux », nommés par l'administration des entreprises. Aujourd'hui, plusieurs dizaines d'ouvriers soviétiques, ayant perdu tout espoir de voir leurs organisations syndicales défendre leurs droits et leurs intérêts, essayent d'exercer leur droit d'établir leur propre syndicat indépendant. Mais ils font l'objet d'une sauvage répression. Les autorités n'ont rien trouvé de mieux que de jeter les organisateurs dans les maisons de fous... afin de priver les travailleurs de l'exercice de leurs droits... [passage inintelligible].

Néanmoins, je suis convaincu que les idées de Klebanov

ne périront pas avant que les syndicats soviétiques ne soient fondamentalement réformés et ne soient en mesure de défendre les travailleurs... [partie inintelligible].

En ce moment le groupe de Klebanov a été décapité mais d'autres se lèveront sûrement pour continuer ce qu'il a commencé. Au lieu d'obtenir de l'aide des... [passage inintelligible], les travailleurs doivent lutter pour le respect de leurs droits légitimes et ils ne sont pas soutenus par les organisations syndicales internationales. Le petit groupe de personnes héroïques qui essayent d'organiser des syndicats indépendants ont été abandonnées par les organisations syndicales internationales et ont été livrées aux policiers en blouses blanches (c'est-à-dire aux infirmiers qui ont la charge des « hôpitaux » psychiatriques pour l'internement des dissidents politiques).

Si ce petit groupe n'est pas soutenu par les travailleurs d'autres pays, il est possible que l'idée de syndicats autonomes, échappant au contrôle de l'Etat et de la police en URSS, soit étouffée. Ici le chef de l'Etat peut, d'un trait de plume, nommer un GENDARME (Boris Ponomariov) à la tête des « syndicats ».

Nous vous demandons de faire usage de tous les moyens possibles pour défendre le droit à l'existence en URSS de syndicats indépendants du contrôle de l'Etat. NE TRAITEZ PAS AVEC LES CHEFS SYNDICAUX. Ils représentent l'Etat. Ils ne représentent pas les travailleurs. Ne les laissez pas vous tromper avec leurs beaux discours. Ne les croyez pas. Ils ne représentent pas ceux au nom desquels ils prétendent parler.

18 avril 1978.

Iouli Grimm
Tatarskaia oulitsa 9a, kv. 74
Moscou

**DÉCLARATION DE LA FÉDÉRATION SYNDICALE MONDIALE
CONTRE DE NOUVELLES ATTAQUES CALOMNIEUSES ENVERS
LES PAYS SOCIALISTES**

*Ce texte a été publié dans le numéro du 11 juin 1978 du
quotidien des syndicats officiels d'URSS,* Troud. *Il n'est en
revanche pas paru dans la* Pravda. *Rappelons que le siège
de la FSM est à Prague et qu'une délégation du gouvernement de l'URSS avait rendu visite à son homologue tchécoslovaque du 30 mai au 2 juin. On peut penser qu'il n'y a pas
là une simple coïncidence.*

A la veille de la 64e session de la conférence générale
de l'Organisation internationale du travail (OIT), qui se
déroule actuellement à Genève, les attaques contre les pays
socialistes se multiplient; les tentatives effectuées par
quelques individus pour constituer dans certains de ces
pays de prétendus syndicats « libres » servent de prétexte
à ces attaques.

Les organisateurs de ces agressions calomnieuses s'in-
gèrent dans les affaires intérieures d'autres centrales syndicales, cherchent à induire en erreur le mouvement syndical
mondial, à prouver que dans les pays du socialisme il y
aurait « d'autres forces syndicales », qui se réduisent en
réalité à une poignée de renégats « dissidents » qui n'ont
rien à voir avec les travailleurs et les syndicats de ces pays.

La Fédération syndicale mondiale (FSM) constate avec
regret que les dirigeants de la Confédération mondiale du
travail (CMT) et de la Confédération internationale des
syndicats libres (CISL) sont tombés dans cette provocation
dont les buts n'ont rien à voir avec la défense des intérêts
des travailleurs.

Les dirigeants de ces confédérations syndicales ont envoyé

des plaintes à l'OIT, qui arguent de prétendues « violations des droits syndicaux » prévus par la convention n° 87 dans certains pays socialistes.

Rappelons que dans les pays socialistes plus de 90 % des travailleurs militent activement dans les organisations syndicales authentiquement démocratiques, et disposent ce faisant d'une pleine liberté pour exercer leurs droits, ils participent au règlement de tous les problèmes socio-économiques et culturels, situation qui n'a son pareil dans aucun pays capitaliste.

Il convient de souligner que ces nouvelles attaques calomnieuses vont dans le même sens que les efforts déployés par les cercles militaristes de l'impérialisme qui visent à bloquer le processus de la détente internationale et le développement de la coopération entre les peuples.

Ces attaques sont perpétrées au moment précis où les travailleurs et les peuples, toutes les forces progressistes se mobilisent pour interdire la bombe à neutrons et les autres types d'armes d'anéantissement massif, pour parvenir à des accords positifs en matière de désarmement, au moment où la crise du système capitaliste et l'activité des multinationales exigent la plus large unité d'action du mouvement syndical, au moment où les peuples doivent repousser les agressions fomentées par l'impérialisme qu'illustrent bien la récente intervention franco-belge au Zaïre, au moment où le fascisme et les régimes répressifs que l'impérialisme protège anéantissent des milliers d'hommes au Chili, en Uruguay [1], en Afrique du Sud, dans les territoires arabes

---

1. On cherchera en vain l'Argentine dans cette énumération. Il est vrai que le PC argentin qui, en août 1977, a proposé un « programme commun » au général Videla considère la junte militaire argentine comme « un gouvernement où existent des éléments progressistes, qui, de fait, y sont actuellement hégémoniques » (interview de R. Vallarino, membre du Comité central). La FSM, en toute indépendance, prend une position strictement identique à celle du Kremlin et du PCA (note J.-J. M.).

occupés par Israël, en Corée du Sud et dans d'autres pays du monde.

Dans cette situation nous ne pouvons manquer d'attirer l'attention sur la nouvelle vague d'attaques qui déferle sur les pays socialistes, ceux qui très précisément apportent un soutien effectif et réel aux travailleurs et aux peuples du monde qui luttent pour leur liberté et leur indépendance.

Fidèle aux décisions du IXe Congrès mondial des syndicats qui vient de se tenir et auquel ont participé environ 1 000 délégués représentant 230 millions de travailleurs et plus de 140 pays [1], au nombre desquels beaucoup de représentants d'organisations adhérant à la CISL et à la CMT, le secrétariat de la FSM est convaincu que la seule voie qui puisse mener à la réalisation des buts fondamentaux des travailleurs c'est le chemin de la coopération et de la solidarité entre les syndicats.

Le secrétariat de la FSM appelle les organisations amies membres de la Fédération à se mobiliser activement contre la nouvelle campagne de calomnies déclenchée envers les syndicats des pays socialistes que l'on tente de déchaîner afin de semer la défiance et de créer une situation qui ne répond pas à l'esprit de la coopération et de l'unité d'action des travailleurs.

---

1. Sur ces 230 millions les syndicats soviétiques officiels en revendiquent plus de 120 millions et les syndicats officiels des autres pays de l'Est près de 50 millions (*note J.-J. M.*).

Table